Naoko Adachi

A responsabilidade legal dos Estados por acções passadas

Naoko Adachi

A responsabilidade legal dos Estados por acções passadas

A Situação das Mulheres de Conforto

ScienciaScripts

Cover image: www.ingimage.com

This book is a translation from the original published under ISBN 978-3-8443-0668-2.

Publisher:
Sciencia Scripts
is a trademark of
Dodo Books Indian Ocean Ltd., member of the OmniScriptum S.R.L Publishing group
str. A.Russo 15, of. 61, Chisinau-2068, Republic of Moldova Europe
Printed at: see last page
ISBN: 978-620-2-82993-9

Tabela de Conteúdos

Introdução

Chapter 1: Em que circunstância um Estado pode ser considerado responsável por actos passados?

Chapter 2: Que tipo de obrigações surgem como resultado da responsabilidade do Estado?

Introdução

1. Responsabilidade legal dos Estados por acções passadas

Quando um acto ilícito é cometido no seio da comunidade internacional, é essencial que o tipo de responsabilidade e a entidade com quem a responsabilidade recai sejam discernidos, para que se possa alcançar uma justiça adequada. Este documento discute a responsabilidade legal dos Estados por acções passadas. Há dois aspectos relativos à responsabilidade dos Estados que devem ser claramente distinguidos de outros tipos de responsabilidade. Em primeiro lugar, o ponto focal aqui é a responsabilidade legal, separada da responsabilidade moral ou de questões políticas de responsabilidade. Algumas discussões sobre responsabilidade tendem a colocar a ênfase no aspecto moral e político. Os argumentos relativos à justiça para o comércio transatlântico de escravos ou Colonialismo são os casos mais proeminentes e baseiam-se principalmente na responsabilidade moral dos indivíduos no presente para as acções dos seus antepassados. Isto porque tais casos encontram pouco apoio no âmbito do direito internacional. Por exemplo, tratados feitos entre povos indígenas e poderes coloniais no processo do colonialismo não foram, em geral, reconhecidos como tratados internacionais adequados. Em vez de procurarem fundamentos jurídicos para este tipo de tratados, os estudiosos reconheceram-nos como promessas, baseadas em obrigações morais, em vez de legais. A obrigação de cumprir estas promessas existe de geração em geração, e os descendentes têm a responsabilidade moral de o fazer.[1] A responsabilidade moral também tem influência nas arenas políticas. Nos anos 90, as reivindicações de restituições pelo comércio de escravos tornaram-se populares entre os afro-americanos. A Organização da União Africana também procurou a

[1] Janna Thompson, *Assumindo a responsabilidade pelo passado: Reparation and Historical Justice*, (Cambridge: Polity, 2002), pp.4 e 18.

possibilidade de restituição do comércio transatlântico de escravos de países ocidentais.[2]

No caso das mulheres de conforto, o governo japonês reconhece a responsabilidade moral, ao mesmo tempo que recusa a responsabilidade legal. [3] Existem também significados políticos relacionados com a mesma. As críticas da Coreia e de outros países asiáticos contra esta atitude são enormes. A Câmara dos Representantes dos Estados Unidos adoptou uma resolução relativa ao caso das "mulheres de conforto" em Junho de 2007, enviando uma mensagem política ao Japão.[4]

Em segundo lugar, um Estado é uma entidade que tem responsabilidade legal por acções passadas, e a responsabilidade individual ou colectiva não é uma questão aqui. Evidentemente, os indivíduos que cometem acções ilícitas devem ser responsáveis pelas suas acções ao abrigo do direito internacional. O direito penal internacional reconhece tal responsabilidade. A responsabilidade colectiva surge normalmente quando se defende a responsabilidade moral. Enquanto a responsabilidade moral também é atribuível a indivíduos, a responsabilidade colectiva é realçada quando as acções são cometidas por um grupo ou uma nação como entidade.[5]

---

[2] Elazar Barkan "Capítulo 12: Restituição pela Escravatura", em Elazar Barkan, *A Culpa das Nações: Restituição e negociação de injustiças históricas*, (Londres: The Johns Hopkins University Press, 2000), p.286.

[3] Ustinia Dolgopol e Snehal Paranjape, *Mulheres de Conforto: uma provação inacabada: Relatório de uma Missão*, (Genebra: Comissão Internacional de Juristas, 1994), p.142.

[4] Yoshiyuki Komurata, "US pushes on "comfort women" *Asahi Shinbun*, 28 de Junho de 2007. <, acedido a 25 de Julho de 2007.

[5] Miller distingue dois modelos que criam responsabilidade colectiva. O primeiro modelo é o "grupo da mesma opinião". Um grupo de pessoas com uma identidade ou um objectivo comum partilha a responsabilidade colectiva pelas acções do grupo. Mesmo que um membro desaprove as acções, ele não pode escapar à responsabilidade. O segundo modelo é o modelo da "prática cooperativa". Não vincula as pessoas pela sua identidade ou como um grupo objectivo. Apenas considera a participação e o benefício das acções. Apenas as pessoas envolvidas em tais acções partilham a responsabilidade colectiva. David Miller, "Holding Nations Responsible" *Ethics* **114**, 2004, pp.249-253.

2. Conforto Mulheres

Algumas mulheres foram sexualmente escravizadas pelos militares japoneses durante a Segunda Guerra Mundial e eram conhecidas como "mulheres de conforto". Alguns relatórios preferem o termo "escravidão sexual", porque indica melhor a brutalidade do sistema.[6] O governo japonês prefere o termo "mulheres de conforto", optando por rejeitar a inferência da escravatura dentro do sistema. Neste artigo, o termo "mulheres de conforto" é utilizado para representar a referência específica ao caso da escravidão sexual por parte dos militares japoneses. No entanto, é de notar que a natureza da sua escravatura encarnada no sistema não deve ser minada.

O sistema de conforto feminino começou por volta da época do incidente de Xangai em 1932 e continuou até ao fim da Segunda Guerra Mundial. Considera-se que cerca de 70.000 a 200.000 mulheres foram exploradas como mulheres de conforto, e 80% delas eram coreanas. O[7] objectivo do sistema era reduzir a brutalidade dos soldados, parar de violar civis, e prevenir a propagação de doenças venéreas entre os soldados.[8]

A Coreia foi anexada ao Japão pelo Tratado de Anexação de 1910, embora alguns estudiosos reconheçam este tratado como inválido à luz do direito internacional, devido à sua natureza coerciva. Tanto as mulheres coreanas como os homens eram considerados como uma fonte de trabalho e muitos deles eram enviados para fábricas, minas e campos agrícolas. O sistema do Cadáver do Serviço Nacional do Trabalho foi criado em 1941, a fim de mobilizar as mulheres com mais força. No mesmo contexto,

[6] Radhika Coomaraswamy, Relatora Especial da ONU sobre a violência contra as mulheres, suas causas e consequências, *Relatório sobre a missão à República Popular Democrática da Coreia. The Republic of Korea and Japan on the issue of military sexual slavery in wartime*, E/CN.4/1996/53/Add.1, 4 de Janeiro de 1996, par.10.

[7] Chunghee Sarah Soh, "The Korean "Comfort Women": Movement for Redress", *Asia Survey* **36** (12), 1996, p.1227.

[8] Hyunah Yang, "Revisiting the Issue of Korean "Military Comfort Women": The Question of Truth and Positionality", *Posições* **5** (1) 1997, p.54.

algumas mulheres foram forçadas a tornar-se "mulheres de conforto".[9]

A grande quantidade de documentos relativos às "mulheres de conforto" foi destruída pelos militares no final da guerra. A questão das "mulheres de conforto" tinha sido escondida e esquecida devido à falta de informação, à vitimização do Japão na guerra, à Guerra Fria, e ao crescimento económico japonês. A sociedade dominada pelos homens sobre a região e a crença de que "as mulheres de conforto" eram prostitutas também desencorajaram as mulheres a dizer a verdade em público. Desde os anos 90, a questão começou a ganhar grandes atenções a nível interno e internacional.[10] O governo japonês recusou-se a reconhecer o envolvimento militar na "questão das mulheres de conforto" no início. Contudo, após um historiador Yoshiaki Yoshimi ter divulgado os documentos do arquivo em 1992, o governo começou a admitir o envolvimento, ao mesmo tempo que continuava a recusar a responsabilidade legal. O governo continuou também a rejeitar a ideia de indemnização directa e, em vez disso, criou o Fundo para as Mulheres Asiáticas em 1995, uma parte do sector privado que recolhe donativos civis e fornece uma compensação moral às vítimas.[11]

Este documento aborda duas questões principais: responsabilidade legal por actos passados e o conteúdo da responsabilidade legal. O caso das "mulheres de conforto" é examinado a fim de analisar estas questões. Enquanto as vítimas do "sistema das mulheres de conforto vêm de muitos países diferentes, tais como os Países Baixos, as Filipinas, ou a China, este documento centra-se nos casos de mulheres coreanas

---

[9] Dolgopol e Paranjape, supra, n.3, pp.21-22 e 24.

[10] Elazar Barkan "Capítulo 3: Escravos sexuais: Conforto das Mulheres e Culpa Japonesa", em Elazar Barkan, *A Culpa das Nações: Restituion and Negotiating Historical Injustices*, (Londres: The Johns Hopkins University Press, 2000), pp50-51.

[11] You-me Park, "Conforting the Nation": "Comfort Women', the Politics of Apology and the Workings of Gender", *Interventions* **2** (2) 2000, pp.201-202.

exploradas como "mulheres de conforto". O capítulo 1 considera as circunstâncias em que a responsabilidade do Estado surge legalmente. A responsabilidade de um Estado consiste na atribuição de actos a um Estado e na violação de obrigações internacionais.[12] Em primeiro lugar, a atribuição de conduta a um Estado é abordada. A regra geral das condutas atribuíveis é examinada e, em seguida, se as condutas do "sistema das mulheres de conforto" são atribuíveis ao Japão como entidade estatal será considerada. Em segundo lugar, será analisado se os actos foram ilícitos na altura, concentrando-se em saber se o Japão violou as obrigações internacionais na altura da Segunda Guerra Mundial. Em terceiro lugar, a responsabilidade de soldados individuais e a forma como isto afecta a responsabilidade do Estado é discutida. Em quarto lugar, são analisados os recentes desenvolvimentos do direito internacional e o seu efeito sobre a responsabilidade do Japão sobre o "caso das mulheres de conforto". Finalmente, para concluir o Capítulo 1, são avaliadas as circunstâncias em que o Japão tem a responsabilidade legal pelo caso das "mulheres de conforto", antes do exame do conteúdo da responsabilidade.

O capítulo 2 é sobre o conteúdo da responsabilidade. Em primeiro lugar, considera que tipos de obrigações estatais emergem em geral como conteúdos de responsabilidade. Em segundo lugar, são examinadas as condições em que um Estado pode evitar tais obrigações. O Japão afirma que há renúncias às obrigações no caso das "mulheres de conforto". A terceira secção compara as diferenças de interesses e posições entre o governo japonês, o governo coreano, e as vítimas. Em quarto lugar, será discutido se as vítimas individuais podem reclamar reparação. Finalmente, a quinta secção considera se o litígio é a forma de reivindicar uma indemnização individual. O último capítulo é dedicado à conclusão geral e à possibilidade de atribuir responsabilidade

[12] Artigo 2, Artigos sobre Responsabilidade por Actos Injustos Internacionais, Comissão de Direito Internacional, adoptado a 9 de Agosto de 2001. RES. da AG. 56/83, 12 de Dezembro de 2001. Para texto ver o site do tratado da ONU, < http://untreaty.un.org/ilc/texts/instruments/english/draft%20articles/9_6_2001.pdf>, 27 de Julho de 2007.

legal por acções passadas, além disso, o seu significado no presente e no futuro são discutidos.

Capítulo 1: Em que circunstâncias pode um Estado ser considerado legalmente responsável por actos passados?

1. Responsabilidade do Estado e a Atribuição de Actos

O direito internacional prevê obrigações, bem como benefícios para os Estados. As obrigações são articuladas no direito consuetudinário internacional e no direito dos tratados. A violação de tais obrigações resulta na responsabilidade do Estado. As acções têm de ser atribuídas aos Estados a fim de invocar responsabilidade.[13]

A questão da responsabilidade do Estado está há muito tempo a ser analisada pela Comissão de Direito Internacional (ILC). Tem sido um dos projectos mais significativos para a ILC, na procura dos elementos teóricos e fundamentais no âmbito do direito internacional. Quando o projecto teve início nos anos 50, o ILC concentrou-se inicialmente nos danos de bens e pessoas estrangeiras. Gradualmente, alargou o seu objectivo de modo a incluir a violação dos "princípios fundamentais do direito internacional".[14] Após as criações do Projecto de Artigos e uma variedade de discussões, os Artigos sobre a Responsabilidade dos Estados por Actos Internacionalmente Errados (doravante Artigos do ILC) foram adoptados em Agosto de 2001. Foram apoiados por um grande número de Estados, e algumas partes dos Artigos são consideradas como de direito internacional consuetudinário.[15]

Os Artigos do ILC estão divididos em quatro partes. O foco aqui é a Parte Um, que considera os elementos que dão origem à responsabilidade dos Estados. O Capítulo I do Artigo 2 indica os dois princípios fundamentais que constituem a responsabilidade

---

[13] Martin Dixon e Robert McCorquodale, *Cases & Materials on International Law, (*Oxford: Oxford University Press, 2003), p.403.

[14] Peter Malanczuk, *Akehurst's Modern Introduction to International Law,* 7ª edição, (Londres: Routledge, 1997), pp.254-255.

[15] Dixon e McCorquodale, supra, n.13, p.404.

dos Estados:

> Existe um acto internacionalmente errado de um Estado quando a conduta consiste numa acção ou omissão:
>
> (a) É atribuível ao Estado ao abrigo do direito internacional; e
>
> (b) Constitui uma violação de uma obrigação internacional do Estado.[16]

A atribuição de actos ao Estado é um elemento primordial, porque o Estado é uma entidade jurídica de direito internacional. As acções e omissões de um Estado são tomadas "pelos e através dos seus agentes". No segundo elemento, as acções têm de ser "uma violação de uma obrigação internacional do Estado". Tais obrigações não se baseiam apenas em tratados, mas também não se baseiam em tratados. Por exemplo, no caso da[17]*Fábrica em Chorzow*, a responsabilidade do Estado surgiu da "violação de um compromisso".[18]

A conduta de um Estado inclui omissões, bem como acções. A responsabilidade sobre as omissões é invocada quando um Estado não toma "actos positivos" esperados em determinadas circunstâncias. No caso do[19]*Canal de Corfu*, a Albânia não avisou os Estados que utilizavam o canal que havia minas na sua água territorial, embora ciente da sua presença. O caso do *Pessoal Diplomático e Consular dos Estados Unidos em Teerão*[20] também realça a responsabilidade do Estado com base na "inacção" dos funcionários para resolver eficazmente a situação.[21]

O Capítulo II descreve a conduta atribuível a um Estado. O artigo 4º diz respeito aos actos dos órgãos do Estado. A atribuição ao Estado aplica-se não só à conduta de um

---

[16] Artigos do ILC, supra, n.12.

[17] *Fábrica em Chorzow (Alemanha vs. Polónia)* (Méritos), PCIJ, Ser.A (1928) No.17.

[18] James Crawford, *The International Law Commission's Articles on State Responsibility: Introdução, Texto e Comentários*, (Cambridge: Cambridge University Press, 2002), pp.82-83.

[19] *Corfu Channel (UK v. Albânia)* (Méritos), ICJ Rep 1949 4.

[20] *Pessoal Diplomático e Consular dos Estados Unidos em Teerão (Estados Unidos vs. Irão)*, ICJ Rep 1980 3.

[21] Crawford, supra, n.18, p.82.

órgão central ou de oficiais de alta patente, mas também aos de nível inferior ou função local de órgãos ou oficiais, desde que pertençam ao Estado. Os actos imputáveis ao Estado têm de ter sido praticados na qualidade oficial, e os actos na qualidade privada não são da responsabilidade do Estado. O problema surge quando a pessoa abusa do poder de autoridade para um fim inapropriado. Em geral, desde que actue como um funcionário e não como uma pessoa privada, o Estado tem responsabilidade pela conduta. No caso *Caire,*[22] a Comissão de Reivindicações França-México insistiu que um caso só não é imputável ao Estado quando "o acto não teve qualquer ligação com a função oficial e foi, de facto, um mero acto de uma pessoa privada".[23]

Existem dois pontos de vista diferentes sobre o caso dos funcionários que actuam contra a instrução do Estado. Uma é a opinião de "responsabilidade objectiva", que considera que todos os actos do funcionário são imputáveis ao Estado, mesmo quando excedem a sua autoridade. O caso *Caire tem* uma abordagem próxima deste ponto de vista. Dado que o pessoal militar que assassinou Caire teve a presença de oficiais, o Estado teve de assumir a responsabilidade, mesmo quando a sua acção excedeu a sua competência. A outra visão é a da "responsabilidade subjectiva", que exige provas da negligência ou defeito por parte de um Estado contra as condutas incorrectas dos oficiais.[24] O primeiro ponto de vista é preferido pelo Artigo 7 dos Artigos do ILC. Esta opinião foi também escolhida pela maioria dos Estados quando o Comité Preparatório da Conferência de Codificação de Haia em 1930 questionou os Estados sobre esta questão. Tornou-se a regra estabelecida no sistema contemporâneo, como o caso *Clair* e o caso[25] *Velasquez Rodriguez* demonstram e como o Artigo 91 do Protocolo

[22] *Reclamação Caire (França vs. México)*, 5 R.I.A.A. (1929) 516
[23] Crawford, supra, n.18, p.99.
[24] Dixon e McCorquodale, supra, n.13, p.419.
[25] *Velasquez Rodrigueq v. Honduras*, Merit, Inter-Am.Ct.H.R., Série C, No.4 (1989).

Adicional I às Convenções de Genebra[26] afirma.

É ainda importante traçar uma linha entre a conduta oficial que excede a autoridade e os actos puramente privados. Os funcionários podem adoptar uma conduta privada quando se vestem como pessoas privadas e agem independentemente da sua capacidade oficial. A linha deve ser decidida em função do caso.[27]

A conduta de indivíduos privados também pode ser considerada como atraindo a responsabilidade do Estado; quando estão habilitados a ter um poder de autoridade (Artigo 5); quando estão sob a instrução, direcção ou controlo do Estado (Artigo 8); e quando actuam como autoridade na ausência de poder de autoridade oficial (Artigo 9).[28] Relativamente ao caso do Artigo 8, as situações dividem-se em "instrução", nomeadamente a autorização de condutas pelo Estado, por um lado, e "direcção" e "controlo", por outro. Neste último caso, "o grau de controlo" torna-se uma questão.

É uma questão de grande debate sobre até que ponto um Estado deve ser envolvido para invocar a responsabilidade do Estado sobre a conduta de uma pessoa privada. No caso das *Actividades Militares e Paramilitares*,[29] o Tribunal Internacional de Justiça decidiu que os Estados Unidos tinham responsabilidade pelo "planeamento, direcção e apoio" que os Estados Unidos forneciam ao *contras*, o grupo rebelde na Nicarágua. No entanto, rejeitou a afirmação da Nicarágua de que todas as condutas dos *contras* estavam sob a responsabilidade dos Estados Unidos, devido à falta de provas suficientes.[30] O Tribunal Penal Internacional para a ex-Jugoslávia também discutiu a questão do "grau de controlo" no caso *Tadic*.[31] Considerou a atribuição dos actos dos

---

[26] Protocolo Adicional à Convenção de Genebra de 12 de Agosto de 1949, e Relativo à Protecção das Vítimas de Conflitos Armados Internacionais (Protocolo 1), adoptado a 8 de Junho de 1977, entrada em vigor a 7 de Dezembro de 1979. Para texto ver o sítio web do OHCHR, < http://www.unhchr.ch/html/menu3/b/93.htm>, acedido a 24 de Agosto de 2007.

[27] Crawford, supra, n.18, pp.106-108.

[28] Artigos do ILC, supra, n.12.

[29] *Actividades Militares e Paramilitares dentro e contra a Nicarágua (Nicarágua v. EUA)*, Mérito, ICJ Rep 1986 14.

[30] Crawford, supra, n.18, p.111.

[31] *Tadic*, 1997 ILM908;35 ILM 35 (1996).

militares sérvios bósnios à ex-Jugoslávia. A maioria decidiu que os actos não eram atribuíveis devido à falta de provas de "controlo efectivo". No entanto, o Presidente do Tribunal discordou da opinião da maioria. Argumentou que o "controlo efectivo" não deveria ser o único factor de prova de atribuição. Enquanto as acções forem delegadas por um Estado, basta dizer que as acções são atribuíveis ao Estado.[32]

Os artigos do ILC incluem as situações excepcionais de exclusão de responsabilidade. O "consentimento válido" (artigos 20), "autodefesa" (artigo 21), "contramedidas" (artigo 22), "força maior" (artigo 23), "angústia" (artigo 24) e "necessidade" (artigo 25) são as razões para excluir os actos ilícitos. Contudo, o Artigo 26 indica que, em caso de violação de uma norma peremptória, os Estados não podem fugir à responsabilidade, mesmo aplicando a condição acima referida.[33] Este princípio está em conformidade com o Artigo 53 da Convenção de Viena sobre o Direito dos Tratados,[34] que decide que os tratados incompatíveis com uma norma peremptória não têm autoridade. O artigo 64 também prevê que, mesmo uma norma peremptória recentemente decidida, vincula os tratados existentes. Uma norma peremptória é decidida sob critérios rigorosos. Deve ser um direito internacional geral e o seu carácter peremptório tem de ser reconhecido por toda a comunidade internacional. As listas de normas peremptórias claramente reconhecidas são "a proibição de agressão, genocídio, escravatura, discriminação racial, crimes contra a humanidade e tortura, e o direito à autodeterminação".[35]

É de notar que a responsabilidade do Estado não equivale a responsabilidade criminal, que o direito internacional não reconhece como um conceito de responsabilidade do

[32] Dixon e McCorquodale, supra, n.13, pp.415-416.
[33] Artigos do ILC, supra, n.12.
[34] Convenção de Viena sobre o Direito dos Tratados, adoptada a 23 de Maio de 1969, que entrou em vigor a 27 de Janeiro de 1980. Para texto ver o site do tratado da ONU, < http://untreaty.un.org/ilc/texts/instruments/english/conventions/1_1_1969.pdf>, acedido a 9 de Agosto de 2007.
[35] Crawford, supra, n.18, pp.187-188.

Estado.[36] O direito penal internacional considera apenas a responsabilidade criminal dos indivíduos e não a dos Estados.[37] O termo "crimes internacionais de Estado" apareceu no Projecto de Artigos de 1996 que distinguia "delitos internacionais" de "crimes internacionais" e clarifica a diferença entre as suas consequências. A violação dos "crimes internacionais" implica a violação de obrigações *erga omnes*, que responsabiliza o Estado perante a comunidade internacional como um todo.[38] No entanto, o conceito de "crime internacional" estava longe do conceito geral de crime e convidava à confusão. Por exemplo, é impossível punir os Estados pela sua responsabilidade criminal, ao contrário da punição de crimes individuais. Havia uma necessidade de alterar a terminologia, mantendo simultaneamente o conceito de que alguns tipos de obrigações são mantidas em relação à comunidade internacional como um todo. Os Artigos do ILC adoptados em 2001 empregam a expressão "violações graves da norma peremptória" em vez de "crimes internacionais de Estado".[39]

2. A Atribuição de Actos em Caso de Mulheres de Conforto

Os próprios artigos do ILC não são aplicáveis retrospectivamente ao caso das "mulheres de conforto", devido à sua inexistência na altura. No entanto, o conceito de responsabilidade do Estado existia mesmo antes da Segunda Guerra Mundial. O Tribunal Permanente de Justiça Internacional (PCIJ) tinha apresentado os dois elementos da responsabilidade do Estado, que são equivalentes ao Artigo 2 dos Artigos da ILC, no caso dos *Fosfatos em Marrocos. O* [40]artigo 3º da Convenção (IV)

---

[36] Maklanczuk, supra, n.14, p.60.
[37] Dixon e McCorquodale, supra, n.13, p.227.
[38] Maklanczuk, supra, n.14, p.59.
[39] Crawford, supra, n.18, pp.16-20 e 243.
[40] *Phosphates in Morocco, Preliminary Objections*, 1938, PCIJ, Series A/B, No.74; Crawford, supra, n.6, p.81.

Respeitando a Lei e os Costumes da Guerra na Terra (Convenção de Haia IV)[41] tinha também reconhecido a responsabilidade dos Estados sobre os actos das suas forças armadas. Em 1935, Oppenheim escreveu isso mesmo:

> ... os beligerantes assumem a responsabilidade pelos actos ilegais internacionais de os seus soldados, o que se transforma em responsabilidade original se recusarem a reparar o mal feito, punindo os infractores e, se necessário, compensando os que sofrem.[42]

Demonstrou que os Estados são responsáveis pelos actos dos agentes e que as inacções dos Estados contra actos ilícitos também podem invocar a responsabilidade do Estado. Por conseguinte, é relevante examinar a responsabilidade do Japão no caso das "mulheres de conforto". Além disso, porque partes dos Artigos do ILC são consideradas um reflexo do direito internacional consuetudinário, são um dos critérios para decidir se os actos relacionados com o caso das "mulheres de conforto" são atribuíveis ao Estado do Japão.

O envolvimento dos militares japoneses no sistema de "mulheres de conforto" foi claro, como o governo admitiu tanto na Declaração do Chefe de Gabinete do Secretário de Gabinete de 1993.[43] A conduta dos militares e dos membros das forças armadas era atribuível ao Estado. Os oficiais de alta patente, bem como os soldados de

---

[41] Convenção (IV) respeitando a Lei e os Costumes de Guerra à Terra e o seu anexo: Regulamentos relativos às Leis e Costumes de Guerra à Terra. Adoptada a 18 de Outubro de 1907, Haia, entrada em vigor a 26 de Janeiro de 1910. Para texto ver o website do CICV, < http://www.icrc.org/ihl.nsf/FULL/195>, acedido a 24 de Julho de 2007.

[42] L. Oppenheim, *Direito Internacional: A Treatise*, H. Luterpacht ed. (Londres: Longmans, Green and Co., 1935, Vol.2, 5ª edição), p.442.

[43] Gay J. McDougall, Relator Especial da ONU sobre formas contemporâneas de escravatura, "Apêndice: An Analysis of the Legal Liability of the Government of Japan for "Comfort Women Stations" Established During the Second World War" in *Final Report on Systematic Rape, Sexual Slavery and Slavery-like Practices During Armed Conflict*. E/CN.4/Sub.2/1998/13, 22 de Junho de 1998, par.2.

baixa patente, são reconhecidos como estando envolvidos no sistema. Como as suas acções foram levadas a cabo a título oficial e não privado, o Estado do Japão deveria ser responsável pela sua conduta.[44]

O sistema de "mulheres de conforto" foi criado pelos militares a fim de impulsionar o moral dos soldados, parar a violação de mulheres locais, proteger os soldados de doenças venéreas e evitar a fuga de informação secreta.[45] Além disso, foi confirmado o envolvimento directo dos militares no estabelecimento da primeira estação de conforto em Xangai, em 1932. As memórias do Tenente-General Yasuji Okamura, um dos comandantes do incidente de Xangai, admitiu que foi o fundador dos postos de conforto e tinha pedido ao Governador da Prefeitura de Nagasaki que enviasse um grupo de mulheres coreanas com o objectivo de confortar a brutalidade dos soldados. Este facto demonstra também a cooperação do Ministério do Interior, que tinha autoridade sobre os governadores e a polícia, em relação ao sistema de conforto militar.[46]

Havia três tipos de estação de conforto. O primeiro tipo foi estabelecido e gerido pelos militares. O segundo foi estabelecido por e para os militares, mas gerido por indivíduos privados. O terceiro era a utilização temporária de bordéis existentes. O primeiro tipo de estação de conforto mostra o envolvimento directo dos militares. O segundo era o tipo mais padrão de estações de conforto e, embora os proprietários das estações de conforto fossem civis, eram licenciados pelos militares, não sendo, portanto, actores puramente privados.[47] Como o princípio reflectido no Artigo 5º dos Artigos do ILC, os actos de civis com poderes para ter um estatuto militar devem ser imputáveis ao Estado. Mesmo sem a consideração de tal princípio, os militares estavam profundamente envolvidos na gestão do segundo tipo de estações de conforto,

---

[44] Dolgopol e Paranjape, supra, n.3, p.156.

[45] Yoshiaki Yoshimi e Fumiko Kawata, *'Jyugun Ianfu' wo meguru 30 no uso to shinjitsu (30 mentiras e verdades sobre 'mulheres de conforto militar')*, (Tóquio: Otsuki shoten, 1997), p.13.

[46] McDougall, supra, n.43, par.24.

[47] Yoshimi e Kawata, supra, n.45, p.15.

ao mesmo tempo que no terceiro tipo. Concedeu autorização para gerir os postos de conforto, estabeleceu os regulamentos, impôs um exame de saúde para prevenir doenças venéreas e apoiou o transporte de mulheres para as zonas de conflito. O governo japonês reconhece estes factos no seu relatório.[48]

3. Actos errados na altura e a Violação das Obrigações Internacionais

Os elementos que invocam a responsabilidade do Estado são a atribuição de actos a um Estado e a violação de obrigações internacionais, como define o Artigo 2 dos Artigos do ILC. Esta secção considera se o Japão estava a agir contrariamente às obrigações internacionais na altura, através do funcionamento do "sistema das mulheres de conforto".

Antes de examinar a violação das obrigações internacionais, a situação das "mulheres de conforto" é considerada. As mulheres sofriam de prostituição forçada, de violência física grave e de violação contínua. [49] Tinham sido despersonalizadas, tratadas como propriedade dos militares e rotuladas como "sanitários públicos sanitários".[50] Embora algumas pessoas argumentem que "as mulheres de conforto" eram prostitutas e o sistema de prostituição era legal na altura no Japão, a situação das "mulheres de conforto" não tinha a liberdade de rejeitar, a liberdade de sair do bordel, e a liberdade de deixar o trabalho, que as prostitutas legais no Japão na altura tinham como seus direitos.[51]

No recrutamento, as mulheres foram escolhidas de três maneiras. A primeira era a utilização de mulheres dispostas e mulheres que já trabalhavam como prostitutas. O

[48] McDougall, supra, n.43, par.9. Ver também E/CN.4/1996/137, 27 de Março de 1996, pp.16-17.
[49] Coomaraswamy, supra, n.6, paras.7 e 10.
[50] Soh, supra, n.7, pp.1238-1239.
[51] Yoshimi e Kawata, supra, n.45, p.14.

segundo método empregava o engano e atraía as mulheres através de informação sobre empregos bem remunerados como enfermeiras, cozinheiras ou operárias de fábrica. O último método envolvia o uso de força e coerção através do rapto de mulheres. As mulheres foram também recrutadas no contexto da adesão a um "Women's Voluntary Service Corp", o programa para mobilizar as mulheres coreanas como fontes de trabalho, geralmente para o trabalho em fábricas. As mulheres recomendadas para este programa não tinham o direito de recusar.[52] Embora o governo tenha insistido que não houve recrutamento forçado no sentido restrito, nomeadamente o rapto violento no terceiro tipo de recrutamento, o engano e a ligadura da dívida, no segundo tipo, também devem ser considerados como formas de execução.[53] Além disso, a maioria das "mulheres de conforto" eram menores de idade[54] e sexualmente inexperientes. Isto foi para a prevenção de doenças venéreas e também na crença de que as prostitutas e mulheres com experiência sexual eram inadequadas como "o presente para os militares do Imperador".[55]

As mulheres estavam sujeitas a más condições nas estações de conforto. A sua liberdade era severamente restringida e era uma situação impossível de escapar. Não lhes era permitido falar umas com as outras ou usar a sua língua. Foram-lhes dados nomes japoneses e forçadas a falar japonês. De vez em quando era feito um exame de saúde, mas era apenas para a prevenção da propagação de doenças venéreas, além disso, os danos causados pelos maus-tratos não eram atendidos pelos médicos.[56] Algumas mulheres estavam mentalmente quebradas e cometeram suicídio. As

---

[52] Coomaraswamy, supra, n.6, paras.27-28.

[53] Yoshimi e Kawata, supra, n.45, p.23.

[54] Menores de idade significa menores de vinte e um anos, de acordo com o Artigo 5 da Convenção Internacional para a Supressão do Tráfico de Mulheres e Crianças, adoptada a 30 de Setembro de 1921, que entrou em vigor a 15 de Junho de 1922. Para texto ver o sítio web do Conselho da Europa, < http://www.coe.int/t/e/human_rights/trafficking/3_documents/international_legal_instruments/UNTS_Sup_trafficking.asp>, acedido a 1 de Agosto de 2007.

[55] Yoshimi e Kawata, supra, n.45, p.28.

[56] Amnistia Internacional, *Japão: Ainda à Espera após 60 Anos: Justice for Survivors of Japan's Military Sexual Slavery System*, (Londres: Amnistia Internacional, 2005), pp.10-12.

mulheres eram frequentemente obrigadas a ir para a linha da frente com os militares, mas eram geralmente assassinadas ou abandonadas quando os militares saíam do local. Quando a guerra terminou, muitas foram assassinadas ou abandonadas no local ou morreram no caminho de regresso a casa.[57]

Neste momento, a violação efectiva das obrigações internacionais deve ser examinada. Em primeiro lugar, o sistema de conforto é visto como a prática da escravatura e do comércio de escravos. Embora o governo japonês tenha rejeitado que "as mulheres de conforto" fosse uma forma de escravatura segundo a definição constante do Artigo 1(1) da Convenção sobre a Escravatura de 1926,[58] foi largamente reconhecido como tal pelos organismos ou mecanismos internacionais de direitos humanos. A escravatura e o tráfico de escravos foram explicitamente proibidos pela Convenção sobre a Escravatura de 1926. Embora o Japão não tivesse sido parte nesta convenção, poderia violar a obrigação internacional pela prática da escravatura e do comércio de escravos, uma vez que a proibição da escravatura tinha sido bem reconhecida e ganhou o estatuto de norma *jus cogens na* época do "sistema das mulheres de conforto". O sistema da escravatura e do comércio de escravos tinha sido abolido por vários acordos internacionais e muitos Estados tinham eliminado o sistema na prática. Além disso, o Japão tinha expressado a sua proibição do comércio de escravos quando condenou os comerciantes peruanos que praticavam o comércio de escravos em 1872.[59] A proibição da escravatura tinha-se reflectido também nas regras da guerra. A Convenção IV de Haia proibia a escravatura de civis ou de prisioneiros de guerra.[60] Relativamente à proibição da escravatura e do tráfico de escravos, o Japão tinha ratificado a Convenção Internacional para a Supressão do Tráfico de Escravos Brancos de 1910 (adiante

---

[57] Ibid., p.13: Yoshimi e Kawata, supra, n.23, pp.40-41.

[58] Convenção sobre a Escravatura, adoptada a 25 de Setembro de 1926, entrada em vigor a 9 de Março de 1927. Para texto ver o sítio da OHCHR, < http://www.ohchr.org/english/law/slavery.htm>, acedido a 1 de Agosto de 2007.

[59] McDougall, supra, n.43, paras.12-13.

[60] Ibid., par.15; Oppenheim, supra, n.42, p.301.

designada por Convenção de Tráfico de 1910)[61] e a Convenção Internacional para a Supressão do Tráfico de Mulheres e Crianças de 1921 (adiante designada por Convenção de Tráfico de 1921). A Convenção sobre Tráfico de 1910 proíbe o emprego de uma mulher menor de idade para fins de prostituição (Artigo 1) e a utilização de métodos compulsivos, tais como por força ou fraude, para obter uma mulher maior de idade para a prostituição (Artigo 2). A parte tem de tomar medidas adequadas para punir os perpetradores (artigo 3º).[62] A Convenção de 1921 acrescentou a obrigação de tomar medidas para a identificação e acusação das pessoas que cometem o tráfico de crianças e para a punição de tais tentativas (artigos 2º e 3º).[63] Surgem problemas com o Artigo 11 da Convenção de 1910 e o Artigo 14 da Convenção de 1921, que permite aos Estados Partes excluir as suas colónias do âmbito de aplicação das Convenções. O Japão tinha declarado a Coreia como tal excepção. No entanto, apesar destas cláusulas, o Japão continuava a violar os tratados. Em muitos casos, as mulheres de conforto eram transportadas por navios japoneses, as ordens eram tomadas na terra principal japonesa e os navios desembarcavam frequentemente na terra principal no processo de transporte. Estes casos não se aplicam às cláusulas de excepção. Além disso, a intenção destas cláusulas era a protecção do interesse económico dos Estados sobre o sistema de tráfico existente e estava longe de encorajar a nova criação de sistemas de tráfico. O governo japonês é reconhecido deste facto e não enfatiza as cláusulas de excepção nos seus argumentos. O Japão é responsável pela violação das Convenções de Tráfico de 1910 e 1921. Mesmo que o caso seja aplicado às cláusulas excepcionais, a Convenção apoia o princípio da proibição do tráfico de escravos como direito internacional consuetudinário e o Japão violou esta obrigação.[64]

---

[61] Convenção Internacional para a Supressão do Tráfico de Escravos Brancos, adoptada a 4 de Maio de 1910. Para texto ver a Biblioteca de Direitos Humanos da Universidade de Minnesota, < http://hei.unige.ch/humanrts/instree/whiteslavetraffic1910.html>, acedido a 1 de Agosto de 2007.
[62] Yoshimi e Kawata, supra, n.45, p.85.
[63] Dolgapol e Paranjape, supra, n.3, p.157.
[64] Ibid., pp.157-158; Yoshimi e Kawata, supra, n.45, p.86.

Em segundo lugar, as mulheres de conforto eram trabalhadoras forçadas. De acordo com a Convenção da OIT relativa ao Trabalho Forçado (Convenção nº 29 da OIT), o trabalho[65] forçado é definido como "todo o trabalho ou serviço que seja exigido a qualquer pessoa sob a ameaça de qualquer penalidade e pelo qual a referida pessoa não se tenha oferecido voluntariamente" (Artigo 2º). No caso das mulheres, o trabalho forçado ou obrigatório é completamente proibido nos termos do Artigo 11. A condição de "mulheres de conforto" aplica-se à definição. Faltava-lhes autonomia sobre os seus corpos e eram forçadas a empenhar-se involuntariamente no serviço de "consolação".[66] A Comissão de Peritos da OIT sobre a Aplicação de Convenções e Recomendações (CEACR) considera nos seus relatórios de 1996 e 1997, que o Japão violou esta Convenção em relação ao "sistema das mulheres de conforto". A discussão centrou-se na cláusula de isenção do artigo 2(2)(d). Permite o trabalho forçado ou obrigatório "em casos de emergência, nomeadamente em caso de guerra ou de uma calamidade ou ameaça de calamidade". Alguns argumentam que o serviço de "mulheres de conforto" como trabalho forçado foi isento da proibição, porque teve lugar durante a guerra. No entanto, o principal objectivo desta cláusula é permitir o trabalho ou serviço que é altamente essencial na situação de emergência. Esta cláusula deve ser lida da mesma forma que o artigo 2(2)(a) que permite o serviço militar obrigatório "para trabalho de carácter puramente militar, e não deve proteger o negócio ilegal". Se o serviço ou trabalho obrigatório não se destinar puramente a servir a guerra ou outra situação de emergência, tal serviço ou trabalho não deve ser permitido. Consequentemente, porque o sistema de "conforto das mulheres" não foi reconhecido como uma necessidade fundamental na luta na guerra, o Japão violou a Convenção n.º 29 da OIT.[67]

[65] Conventon Concerning Forced Labour (ILO Convention No.29), 39 U.N.T.S. 55, entrada em vigor a 1 de Maio de 1932. Para texto ver a Biblioteca de Direitos Humanos da Universidade de Minnesota, < http://www1.umn.edu/humanrts/instree/n0ilo29.htm>, acedido a 2 de Agosto de 2007.

[66] Yoshimi e Kawata, supra, n.45, p.86.

[67] Ibid., pp.86-87; CEACR Observação Individual relativa à Convenção No.29, Trabalho Forçado, 1930 Japão (ratificação 1932) Publicada em 1997.

Em terceiro lugar, o sistema de "mulheres de conforto" equivalia à violação sistemática. O princípio de que a violação durante o tempo da guerra deveria ser considerada um crime de guerra tinha sido estabelecido antes do aparecimento do sistema de "mulheres de conforto". Várias fontes da regra da guerra, tais como o Código Lieber de 1863,[68] proibiram tais actos e os Tribunais Militares têm processado muitos criminosos que cometem violações e prostituição forçada. O artigo 46º do Regulamento de Haia prevê o respeito pela "honra e direitos da família".[69] O relatório da Comissão Internacional de Juristas considera que "[o] conceito de honra familiar inclui o direito das mulheres de uma família a não serem sujeitas à prática humilhante da violação".[70] Este conceito foi alargado no artigo 27º da Convenção (IV) relativa à Protecção das Pessoas Civis em Tempo de Guerra (Convenção IV de Genebra),[71] que reconhece a violação e a prostituição forçada como "um crime contra a honra da mulher". A proibição de violação e maus-tratos contra mulheres durante os conflitos já tinha sido estabelecida como direito internacional consuetudinário na altura da Segunda Guerra Mundial.[72]

Quanto à lei dos tratados, o Japão tinha ratificado a Convenção IV de Haia e era signatário da Convenção de Genebra de 1929 relativa ao Tratamento dos Prisioneiros de Guerra (doravante Convenção de Genebra de 1929)[73] na altura do "caso das mulheres de conforto". O artigo 2º da Convenção IV de Haia estabelece que todos os

---

< http://www.ilo.org/ilolex/cgi-lex/pdconv.pl?host=status01&textbase=iloeng&document=3498&chapter=6 query=Japan%40ref&highlight=& querytype=bool>, acedido a 25 de Julho de 2007.

[68] Instrução para o Governo dos Exércitos dos Estados Unidos no Campo (Lieber Code), 24 de Abril de 1863. Para texto ver o website do CICV, < http://www.icrc.org/ihl.nsf/FULL/110?OpenDocument>, acedido a 2 de Agosto de 2007.

[69] McDougall, supra, n.43, par.17.

[70] Dolgapol e Paranjape, supra, n.3, p.160.

[71] Convenção de Genebra (IV) relativa à Protecção das Pessoas Civis em Tempo de Guerra, adoptada a 12 de Agosto de 1949, entrada em vigor a 21 de Outubro de 1950. Para texto consultar o sítio web do CICV, < http://www.icrc.org/ihl.nsf/385ec082b509e76c41256739003e636d/6756482d86146898c125641e004aa3c5>, acedido a 2 de Agosto de 2007.

[72] McDougall, supra, n.43, par.17.

[73] Convenção de Genebra relativa ao Tratamento do Prisioneiro de Guerra, adoptada a 27 de Julho de 1929. Para texto ver o website do CICV, < http://www.icrc.org/ihl.nsf/FULL/305?OpenDocument>, acedido a 2 de Agosto de 2007.

beligerantes do conflito têm de ser as partes da Convenção. Como a Coreia não era parte na Convenção, é difícil aplicar a Convenção IV de Haia como um tratado a este caso. Contudo, fornece fortes provas de que a violação foi reconhecida como um crime de guerra ao abrigo do direito internacional consuetudinário.[74] A Convenção de Genebra de 1929 insiste que as mulheres como prisioneiras de guerra têm de ser tratadas em "todas as considerações devido ao seu sexo". Como signatário, o Japão foi obrigado a seguir o seu "objecto e finalidade".[75] Além disso, a Convenção de Genebra IV não pode ser aplicada retrospectivamente ao "caso das mulheres de conforto, mas pode fornecer provas do direito internacional consuetudinário".

Finalmente, a violação e a escravidão sexual durante um tempo de guerra é um crime contra a humanidade. No final da Primeira Guerra Mundial, foi entendida como a "violação das leis da humanidade".[76] O conceito de crime contra a humanidade foi codificado pelo Artigo 6(c) da Carta do Tribunal Militar Internacional (Tribunal de Nuremberga), pelo[77] Artigo II([78]1)(c) da Lei nº 10 do Conselho de Controlo e pelo Artigo 5º da Carta da

Tribunal Militar Internacional para o Extremo Oriente (Tribunal de Tóquio).[79] Violação e escravatura, bem como "outros actos desumanos", estão incluídos na sua definição.[80]

Embora os crimes de guerra e os crimes contra a humanidade sejam os crimes dos indivíduos, e não o acto ilícito do Estado por si só, o Estado tem a devida diligência

[74] Coomaraswamy, supra, n.6, par.101.

[75] Amnistia Internacional, supra, n.56, p.21: Um Estado signatário não pode "derrotar o objecto e a finalidade de um tratado", de acordo com o Artigo 18 da Convenção de Viena sobre o Direito dos Tratados. Este princípio é o direito internacional consuetudinário codificado pela Convenção.

[76] Ibid., p.22.

[77] Carta do Tribunal Militar Internacional, 8 de Agosto de 1945, Para texto ver o website do CICV, < http://www.icrc.org/ihl.nsf/FULL/350?OpenDocument>, acedido a 2 de Agosto de 2007.

[78] Lei n.º 10 do Conselho de Controlo. Para texto ver o Projecto Avalon, < http://www.yale.edu/lawweb/avalon/imt/imt10.htm>, acedido a 2 de Agosto de 2007.

[79] Chater of the International Military Tribunal for Far East, 19 de Janeiro de 1946. Para texto ver o Projecto Avalon, < http://www.yale.edu/lawweb/avalon/imtfech.htm>, acedido a 2 de Agosto de 2007.

[80] Amnistia Internacional, supra, n.56, p.22; McDougall, supra, n.43, par.19.

para perseguir os criminosos. Porque o Japão não processou os indivíduos responsáveis pelo estabelecimento e controlo dos postos de conforto, não cumpriu as suas obrigações internacionais.[81]

4. A responsabilidade penal individual e a obrigação do Estado

Os oficiais militares individuais e outros indivíduos que cometeram crimes de guerra e crimes contra a humanidade têm de ser punidos. Eles são criminalmente responsáveis ao abrigo do direito internacional. Após a Segunda Guerra Mundial, o Tribunal Marcial Temporário em Batávia, Indonésia, e o Tribunal Filipino condenaram alguns soldados japoneses por terem cometido violações e rapto de mulheres com o objectivo de as forçar à prostituição.[82] A Carta do Tribunal de Tóquio reconhece que as violações das disposições da Convenção IV de Haia são, reconhecidamente, crimes de guerra. Também prevê que os indivíduos são responsáveis pela prática de crimes de guerra e crimes contra a humanidade. Na sua assinatura do Tratado de Paz de São Francisco em 1951, o Japão "aceitou o julgamento do Tribunal Militar Internacional para o Extremo Oriente e outros tribunais aliados de crimes de guerra, tanto dentro como fora do Japão".[83] Isto significa que o governo japonês estava de acordo com a jurisdição dos Tribunais e com o conceito de crimes de guerra e crimes contra a humanidade. Embora o termo "crimes contra a humanidade" tenha sido utilizado pela primeira vez pela Carta do Tribunal de Nuremberga, o conceito já existia há muito tempo antes disso.[84]

Os oficiais de alta patente são responsáveis pela conduta dos seus soldados de baixa

[81] Coomaraswamy, supra, n.6, paras.111-113.
[82] McDougall, supra, n.43, par.33
[83] Dolgapol e Paranjape, supra, n.3, pp.169-170.
[84] McDougall, supra, n.43, par.34.

patente, desde que tenham conhecimento dos actos ilegais e não tomem medidas para os impedir. No caso do "sistema das mulheres de conforto", os oficiais tinham um conhecimento claro do sistema. Os soldados de baixa patente também não podem escapar à sua responsabilidade usando a desculpa de seguir ordens. São responsáveis pelos seus actos quando as ordens são ilegais e equivalem a violações do direito humanitário internacional. A Carta do Tribunal de Tóquio não reconheceu a existência de uma ordem superior como motivo para conceder imunidade.[85]

Os oficiais militares e soldados responsáveis por crimes de guerra e crimes contra a humanidade não podem contar com a amnistia. Embora as amnistias tenham sido geralmente permitidas até ao século XIX, gradualmente tornou-se inaceitável no século XX. As Cartas do Tribunal de Nuremberga e do Tribunal de Tóquio não reconhecem amnistias, nem os tratados de paz após a Segunda Guerra Mundial.[86]

Estes criminosos têm de ser processados, mais apropriadamente nos tribunais japoneses. Devido ao princípio da jurisdição universal [87]para "crimes condenados universalmente", incluindo crimes de guerra e crimes contra a humanidade, eles podem ser julgados perante outros tribunais nacionais.[88] Embora o Código Civil japonês utilize um sistema que inclui uma prescrição após vinte anos de um crime, não deve impedir a acusação destes criminosos, porque não deve ser aplicado um estatuto de prescrição a crimes de guerra e a crimes contra a humanidade. Este princípio foi reconhecido pela Convenção sobre as Limitações Não Estatutárias aos Crimes de Guerra e aos Crimes Contra a Humanidade, em 1968. Para[89] além da preocupação de

[85] Dolgapol e Paranjape, supra, n.3, p.170.
[86] Coomaraswamy, supra, n.6, par.111.
[87] Embora exista uma restrição territorial para a jurisdição em geral, certos crimes podem ser punidos sem considerar a nacionalidade dos autores ou o território onde o crime foi cometido. Genocídio, tortura, crimes de guerra e crimes contra a humanidade são largamente reconhecidos como os tipos de crimes a ter jurisdição universal. Ver Dixon e McCorquodale, supra, n.13, p.289.
[88] McDougall, supra, n.43, par.38.
[89] Amnistia Internacional, supra, n.56, p.33: Convenção sobre a Não Aplicabilidade da Limitação Estatutária a Crimes de Guerra e Crimes Contra a Humanidade, GA res.2391 (XXIII), anexo, 23 U.N.GAOR Sup. (No.18) a 40, U.N. Doc. A/7218 (1968), entrada em vigor em 11 de Novembro de 1970. Para texto ver Biblioteca de

responsabilidade individual até à data, os Estados têm o dever de investigar casos e de processar os perpetradores. Este dever é articulado pelos Princípios Básicos e Directrizes sobre o Direito à Reparação e Reparação das Vítimas de Violações Graves do Direito Internacional dos Direitos Humanos e de Violações Graves do Direito Internacional Humanitário (doravante Princípios Básicos e Directrizes).[90] Esta directriz não é a criação de novas regras mas a identificação das obrigações legais ao abrigo do direito internacional em matéria de direitos humanos e direito humanitário.[91]

A responsabilidade do Estado pelo fracasso da investigação e acção penal é também apresentada pelo caso *Janes*.[92] O México foi considerado responsável e teve de pagar uma indemnização aos Estados Unidos quando o México não investigou o caso e não processou o assassino do cidadão americano.[93] Após a Segunda Guerra Mundial, muitos criminosos de guerra escaparam à punição e o Japão ignorou a sua acusação. Alguns dos criminosos regressaram mesmo à arena política após a guerra, apoiados pelos fortes

de direita.[94]

5. Desenvolvimentos recentes no Direito Internacional

O recente desenvolvimento de um quadro legal no direito dos direitos humanos,

Direitos Humanos da Universidade de Minnesota, < http://www1.umn.edu/humanrts/instree/x4cnaslw.htm>, acedida a 9 de Agosto de 2007.

[90] Princípios básicos e directrizes sobre o direito à reparação e reparação das vítimas de violações graves do direito internacional dos direitos humanos e de violações graves do direito humanitário internacional, GA res.60/147, adoptada a 16 de Dezembro de 2005. Para o texto ver o sítio web do ACDH, < http://www.ohchr.org/english/law/remedy.htm>, acedido a 24 de Agosto de 2007.

[91] Dinah Shelton, "The United Nations Principles and Guidelines on Reparations": Contextos e Conteúdos" em K. De Feyter, S. Parmentier e M. Bossuyt e P. Lemmens eds., *Out of the Ashes: Reparation for Victims of Gross and Systematic Human Rights Violations"*, (Oxford: Intersentia, 2005), p.19.

[92] *Janes*, R.I.A.A, vol.IV, 1925.

[93] Dolgapol e Paranjape, supra, n.3, p.172.

[94] Barkan, supra, n.2, p.60.

no direito humanitário e no direito penal internacional tem encorajado as reivindicações de justiça retrospectiva, embora não se aplique directamente. O mais notável é o pedido de restituição para o comércio transatlântico de escravos. Embora seja difícil mostrar as provas legais da reivindicação devido ao tempo decorrido desde a injustiça real, alguns argumentam que a escravatura foi um crime contra a humanidade e os descendentes das vítimas têm o direito à reparação.[95]

Desde o fim da Segunda Guerra Mundial, desenvolveu-se um quadro legal relativo à violência sexual. Este quadro é abrangido pelo direito dos direitos humanos, pelo direito humanitário e pelo direito penal internacional. Cada um deles desenvolveu-se com diferentes antecedentes históricos e incluiu disposições baseadas tanto em tratados como em costumes. A violação não foi reconhecida como sendo tão viciosa como o assassinato ou a tortura durante muito tempo, em comparação com outros crimes de guerra. Isto deve-se principalmente ao facto de o estatuto das mulheres ser geralmente inferior ao dos homens em todo o mundo e a questão das mulheres tender a ser negligenciada.[96]

Tem havido alguns desenvolvimentos relativos à violação e outras formas de violência sexual. Em primeiro lugar, a violência sexual, tal como a violação ou a escravatura sexual pode constituir genocídio numa determinada condição. A definição de genocídio é articulada pelo Artigo II da Convenção sobre a Prevenção e Punição do Crime de Genocídio (Convenção sobre o Genocídio).[97] A "intenção de destruir, no todo ou em parte, grupo nacional, étnico, racial ou religioso" é um elemento

[95] Lord Anthony Gifford, *The Legal Basis of the Claim for Reparations*, 1993. < http://www.arm.arc.co.uk/legalBasis.html#2>, acedido a 2 de Agosto de 2007. Citado por Max Du Plessis, "Historical Injustice and International Law": An Exploratory Discussion of Reparation for Slavery" *Human Rights Quarterly* **25**, 2003, p.628.

[96] Gay J. McDougall, *Relatório Final sobre Violação Sistemática, Escravidão Sexual e Práticas de Escravatura durante Conflitos Armados*. E/CN.4/Sub.2/1998/13, 22 de Junho de 1998, par.34.

[97] Convenção sobre a Prevenção e Punição do Crime de Genocídio, GA res. 260 A (III), adoptada a 9 de Dezembro de 1948, entrada em vigor em 12 de Janeiro de 1951. Para texto ver o sítio da OHCHR, < http://www.unhchr.ch/html/menu3/b/p_genoci.htm>, acedido a 2 de Agosto de 2007.

importante na composição do genocídio.[98] O "sistema de conforto das mulheres continha uma tentativa de destruir a identidade da coreana como etnia; além disso, a capacidade reprodutiva das mulheres vitimizadas foi geralmente demolida.[99] O Gabinete do Procurador do Tribunal Penal Internacional para a ex-Jugoslávia (ICTY) e o Tribunal Internacional para o Ruanda (ICTR) reconheceram que a violação e os abusos sexuais são componentes de genocídio como um crime.[100]

O segundo desenvolvimento recente é o reconhecimento da violação e da violência sexual como tortura. A definição de tortura aparece no artigo 1º da Convenção Contra a Tortura e Outros Tratamentos ou Penas Cruéis, Desumanos e Degradantes (CAT).[101] Os elementos que a tortura tem de conter são severidade, intenção, objectivo e ligação oficial.[102] Quando se trata de violação e escravidão sexual numa situação de conflito, o "propósito" é o elemento mais difícil de provar. No entanto, o Comité para a Eliminação da Discriminação contra as Mulheres comenta que a violência contra as mulheres pode ser a representação da discriminação se a razão da violência surgir directamente da feminilidade das vítimas. A discriminação é o objectivo relevante para constituir tortura.[103] A tortura é reconhecida como um crime contra a humanidade no Estatuto dos Ciganos e como uma norma *jus cogens* no direito internacional.[104]

Apesar destes desenvolvimentos relativos ao genocídio e à tortura, as Convenções não podem ser aplicadas ao caso de "conforto das mulheres" retrospectivamente. Contudo, o Comité contra a Tortura considerou o caso das "mulheres de conforto",

[98] McDougall, supra, n.43, par.48.
[99] Yang, supra, n.8. p.62.
[100] McDougall, supra, n.43, par.51: *Procurador v. Akayatsu,* (Processo n.º ICTR-96-4-T), Acórdão, 2 de Setembro de 1998, par.731. Ver também William A. Schabas, *Genocide in International Law*, (Cambridge, Cambridge University Press, 2000), pp.162-164.
[101] Convenção contra a Tortura, Outros Tratamentos ou Penas Cruéis, Desumanos ou Degradantes, GA res 39/46, adoptada a 10 de Dezembro de 1984, entrada em vigor a 26 de Junho de 1987. Para texto ver o sítio Web do OHCHR, < http://www.unhchr.ch/html/menu3/b/h_cat39.htm>, acedido a 3 de Agosto de 2007.
[102] Gabriela Echeverria, "Responding to allegations of torture within international system for the protection of human rights", *Workshop do Centro de Direitos Humanos*, 28 de Fevereiro de 2007.
[103] McDougall, supra, n.43, par.55.
[104] Amnistia Internacional, supra, n.56, p.23.

reconhecendo o trauma e as "feridas incuráveis" das mulheres. As vítimas ainda sofrem com a re-traumatização causada pela contínua negação da responsabilidade por parte do governo japonês, incluindo o seu desconhecimento dos factos e o fracasso em processar os perpetradores. O Comité lamenta igualmente a falta de soluções eficazes e o facto de o estatuto de limitação proibir a justiça para as vítimas nos tribunais nacionais.[105]

6. Concluindo o Capítulo 1

O sistema de "conforto feminino" dá origem a uma clara responsabilidade legal para o Japão. As acções são imputáveis ao Estado do Japão e este violou as suas obrigações internacionais.
Como sistema de escravatura e de comércio de escravos, o Japão violou as Convenções de Trânsito de 1910 e 1921. A proibição da escravatura foi reconhecida como parte do direito internacional consuetudinário na época da Segunda Guerra Mundial. Embora a Convenção sobre a Escravatura de 1926 não tenha sido ratificada pelo Japão, esta Convenção e outros factos históricos mostram o carácter consuetudinário da proibição. Como trabalho forçado, o sistema de "conforto das mulheres" violou a Convenção n.º 29 da OIT.

Além disso, as acções relacionadas com o "sistema das mulheres de conforto constituíram violações e violência sexual, que são crimes de guerra e crimes contra a humanidade. Embora seja difícil provar que o "sistema das mulheres de conforto

[105] Comité contra a Tortura, *Consideração dos Relatórios Apresentados pelos Estados Partes ao abrigo do Artigo 19 da Convenção*, CAT/C/JPN/CO/1, 18 de Maio de 2007, parágrafos.12 e 23; "Committee against Torture hears Response of Japan" *Gabinete das Nações Unidas em Genebra*, 10 de Maio de 2007, < http://www.unog.ch/80256EDD006B9C2E/(httpNewsByYear_en)/0F129CD324BBA8B9C12572D50033FD46?OpenDocument>, acedido a 9 de Julho de 2007.

constituía uma violação da Convenção IV de Haia, esta Convenção fornece provas gerais de que a violação e a violência sexual eram reconhecidas como crimes de guerra na altura. O termo "crime contra a humanidade" foi criado pela Carta do Tribunal de Nuremberga, mas o conceito já existia antes dessa altura. O Japão tem o dever de investigar e processar os soldados e civis que cometeram crimes de guerra e crimes contra a humanidade no que diz respeito ao "caso das mulheres de conforto". O Japão tem faltado ao cumprimento deste dever, usando a desculpa da sua lei nacional para limitar a acusação, tal como o estatuto de limitação. Um Estado não pode fugir às suas obrigações internacionais por pretexto do seu direito interno, de acordo com o conceito reconhecido pelo Artigo 32 dos Artigos do ILC.

A assimilação da cultura coreana ao Japão tinha sido aplicada desde 1905. O Tratado de Anexação foi assinado em 1910, que anexou a soberania da Coreia sob o Imperador japonês. Enquanto o Japão insiste na autoridade deste tratado, um grande número de estudiosos reconhece-o como inválido porque o Imperador coreano foi forçado a assinar o tratado contra a sua vontade.[106] Esta questão importa quando o governo japonês argumenta que o direito internacional não pode ser aplicado ao caso das "mulheres de conforto" coreanas, porque as mulheres coreanas eram, na altura, súbditas do Japão. Argumenta-se que as normas para proibir a escravatura e a violação como crimes de guerra eram aplicáveis "apenas a civis em territórios ocupados e não a civis nos seus países de origem". No entanto, McDougall insiste no seu relatório, que a escravatura e a violação não são apenas crimes de guerra, mas também crimes internacionais e crimes contra a humanidade. Estas normas proíbem a escravatura e a violação ao abrigo do direito internacional consuetudinário, sem ter em conta se as vítimas são os sujeitos dos territórios ocupados ou das terras de origem. As mulheres coreanas eram protegidas ao abrigo das normas do direito internacional, independentemente do estatuto da Coreia na altura. O argumento do governo japonês é

---

106 Dolgapol e Paranjape, supra, n.3, pp.21-22.

107

aqui irrelevante e, em qualquer das posições, pode ser visto que o direito internacional foi violado.[107]

Capítulo 2: Que tipo de obrigações surgem como resultado da responsabilidade da stateresponlbllldade

?

1. Conteúdos de Responsabilidade

Tal como analisado no último capítulo, o Japão tem uma responsabilidade legal pelas acções relacionadas com o "sistema das mulheres de conforto". Tal responsabilidade tem de acarretar consequências legais. Os artigos do ILC articulam o conteúdo da responsabilidade na Parte Dois. O artigo 28 clarifica que a responsabilidade surge na Parte Um causa as consequências legais na Parte Dois. Há duas obrigações principais que surgem como consequência legal. Uma é a cessação das condutas ilícitas e a outra é a reparação do "dano", nomeadamente o resultado da conduta ilícita.[108] A cessação

---

McDougall, supra, n.43, paras.29-30.

[108] Crawford, supra, n.18, pp.191-192.

das acções é sublinhada pelo Artigo 30. A palavra "acto" significa tanto acções como omissões no sentido do Artigo 2. A cessação está por vezes intimamente ligada à reparação, particularmente à restituição. O Artigo 30 também encoraja a não repetição no futuro. Isto é exigido quando a mera cessação não é suficiente para proteger o estado lesado. No processo *LaGrand,*[109] o Tribunal Internacional de Justiça reconheceu que a promessa dos Estados Unidos de tomar medidas para prevenir futuras violações pode satisfazer o pedido alemão de não repetição. Tanto a cessação como a não repetição são tentativas de restaurar e corrigir a condição legal que foi violada pelos actos ilícitos.[110]

A reparação é considerada pelo Artigo 31 dos Artigos do ILC. O PCIJ articulou bem o princípio da reparação na *Fábrica no* caso *Chorzow.* Nas suas palavras; "reparação integral" é "aniquilar todas as consequências do acto ilegal e restabelecer a situação que, muito provavelmente, teria existido se esse acto não tivesse sido cometido".[111] A obrigação de reparação considerada nos Artigos do ILC decorre da responsabilidade do Estado e não do direito do Estado vitimizado. Isto significa que quando muitos Estados são afectados por uma violação do Estado responsável, cada um deles não tem de exigir reparação porque a obrigação geral do Estado responsável abrange a reparação a todos eles.[112] A Convenção de Haia IV também solicita uma indemnização ao abrigo do seu artigo 3º, em caso de violação dos Regulamentos de Haia. Embora se limite às violações dos Regulamentos, Oppenheim encontra a possibilidade da aplicação desta cláusula a outras regras de guerra.[113]

O artigo 32 proíbe a influência do direito interno sobre as obrigações internacionais de cessação dos actos ilícitos e de reparação. Os Estados não podem justificar os actos

[109] *LaGrand (Alemanha vs. Estados Unidos da América),* Merits, Judgement of 27 June 2001.
[110] Crawford, supra, n.18, pp.196-199.
[111] *Fábrica em Chorzow,* supra, n.17.

[112] Crawford, supra, n.18, pp.201-202.
[113] L. Oppenheim, supra, n.42, p.465.

ilícitos ou evitar as obrigações com referência ao seu direito interno.[114]

O artigo 33 apresenta o domínio das obrigações do Estado responsável. As obrigações são dirigidas a um ou vários Estados, ou a toda a comunidade internacional, dependendo da situação de incumprimento das obrigações internacionais e do seu conteúdo. Embora a obrigação seja devida aos Estados como no parágrafo 1, os próprios Estados não são necessariamente os beneficiários finais da reparação. Normalmente, em caso de violação do direito dos direitos humanos, um indivíduo é o titular dos direitos e a entidade que deve ser beneficiada pela reparação. Este fenómeno não se limita ao quadro dos direitos humanos, como no caso de *LaGrand*, que reconhece o direito individual decorrente da Convenção de Viena sobre Relações Consulares. Embora os próprios artigos do ILC não reconheçam a possibilidade de reclamação individual contra os Estados para invocar a responsabilidade do Estado, alguns outros mecanismos, em particular mecanismos de direitos humanos, permitem o exercício dos direitos individuais contra os Estados. O parágrafo 2 do Artigo 33 reconhece esta situação e não impede o indivíduo de reivindicar a responsabilidade do Estado e as obrigações que dela decorrem.[115]

As formas de reparação estão listadas no Capítulo II da Parte II. Os artigos do ILC reconhecem a restituição (artigo 35), a compensação (artigo 36) e a satisfação (artigo 37) como reparação. A reparação integral pode exigir a combinação destas, dependendo das circunstâncias.[116] O PCIJ, no caso da *Fábrica em Chorzow,* apenas reconheceu a restituição e a compensação como reparação. A restituição é a reconstrução da situação antes do cometimento dos actos ilícitos, ou a construção de uma nova situação que aconteceria se os actos ilícitos nunca fossem cometidos. Este último cenário pode também exigir uma indemnização a fim de se conseguir uma

---

[114] Crawford, supra, n.18, p.207.
Ibid., pp.209-210.
Ibid., p.211.

115
116
117
118

reparação total. A restituição é o aspecto principal quando se consideram as formas de reparação. Se a restituição não for possível, devem ser adoptados outros tipos de reparação para se conseguir a reparação integral. O [117]artigo 36(1) exige que seja feita uma indemnização quando a restituição não estiver disponível ou for insuficiente. A compensação é a forma mais popular de reparação, assumindo uma forma monetária. Embora o dinheiro possa ser pago ao Estado lesado tanto pela indemnização como pela satisfação, a indemnização cobre "qualquer dano financeiramente avaliável", enquanto a satisfação calcula o valor aproximado do dano não monetário. Os Estados podem exigir uma indemnização em nome dos nacionais lesados no quadro da protecção diplomática. Em caso de danos pessoais, danos materiais; tais como a perda de rendimentos ou custos médicos; e também algumas formas de danos não materiais são reconhecidas como "danos passíveis de avaliação financeira". A gama de danos não materiais inclui "perda de entes queridos, dor e sofrimento, bem como a afronta a sensibilidades associadas a uma intrusão na pessoa, no lar ou na vida privada". [118] Quando a restituição e a indemnização não podem alcançar a reparação integral, é utilizada a satisfação como forma de reparação. O dano que exige satisfação tem frequentemente um carácter simbólico e não pode ser avaliado financeiramente.[119] No caso da *Arbitragem do Rainbow Warrior*, [120]a França violou a obrigação do tratado entre a França e a Nova Zelândia. Embora não tenha havido danos práticos, a reparação foi feita sob a forma de uma declaração da violação francesa do direito internacional. O[121] parágrafo 2 sugere "uma expressão de pesar, um pedido formal de desculpas ou outra modalidade apropriada" como os tipos de satisfação. São apenas

---

Ibid., p.213.

Ibid., pp.218-223.

[119] Ibid., p.231.

[120] *Rainbow Warrior Arbitration (Nova Zelândia v. França)*, 82 ILR (1990) 499, Special Arbitration Tribunal.

[121] Martin Dixon e Robert McCorquodale, *Cases and Materials on International Law*, (Oxford: Oxford University Press, 2003), p.102.

exemplos, e há possibilidades de outras formas de satisfação.[122]

A reclamação da responsabilidade do Estado é feita de acordo com o Capítulo I da Parte III dos Artigos do ILC. O Estado lesado tem o direito de reclamar a responsabilidade de outro Estado que tenha violado a obrigação internacional (Artigo 42). A reclamação deve ser relevante para a regra da nacionalidade da reclamação e para o esgotamento da reparação local (artigo 44). O[123] princípio da nacionalidade da reclamação está representado no caso *Mavrommatis Palestine Concessions*, que declara que:

> É um princípio elementar do direito internacional que um Estado tenha o direito de proteger os seus súbditos, quando lesados por actos contrários ao direito internacional cometidos por outro Estado, do qual não tenham sido capazes de obter satisfação através dos canais ordinários.[124]

A lesão de indivíduos deve ser representada pelo seu Estado, para invocar a responsabilidade de outro Estado por actos ilícitos. Os artigos do ILC não impedem os indivíduos de utilizarem outros canais. Fora dos Artigos do ILC, os indivíduos são capazes de fazer alegações no direito internacional utilizando outros canais, tais como o sistema de petição dos tratados de direitos humanos.[125]

Em oposição aos Artigos do ILC, que apenas consideram a reparação entre Estados, o direito individual de recurso e reparação está em grande parte contido pelos direitos humanos internacionais e pelo direito humanitário. A Comissão dos Direitos Humanos adoptou os Princípios e Directrizes Básicos e clarificou o princípio do direito de

---

[122] Crawford, supra, n.18, p.232.

[123] Ibid., p.255.

[124] *Mavrommatis Palestine Concessions*, 1924, P.C.I.J., Series A, No.2, p.12. Citado por Crawford, supra, n.1, p.264.

[125] Por exemplo, a petição individual para o Comité dos Direitos Humanos é reconhecida pelo Primeiro Protocolo Facultativo do Pacto Internacional sobre os Direitos Civis e Políticos.

recurso e reparação, tal como geralmente reconhecido no direito internacional. Os Princípios Básicos e as Directrizes fornecem cinco formas de reparação: restituição, compensação, reabilitação, satisfação e garantias de não repetição. Existem diferenças entre isto e a reparação reconhecida pelos artigos do ILC. Enquanto os Artigos do ILC colocam a cessação e as garantias de não repetição como uma das obrigações decorrentes de actos ilícitos dos Estados, os Princípios Básicos e as Directrizes consideram-na como uma das formas de reparação. Relativamente à restituição, os Princípios Básicos e as Directrizes acrescentam a ênfase de que "[A restituição deve, [ser utilizada] sempre que possível". A reabilitação é acrescentada como outra forma de reparação não monetária, para além da satisfação. Nos artigos do ILC, a satisfação é desconsiderada em comparação com outras formas de reparação. No entanto, a importância da satisfação e da reabilitação deve ser realçada no âmbito dos direitos humanos.[126]

2. Renúncia de responsabilidade do Estado

O artigo 45 (a) dos artigos do ILC prevê que o Estado lesado não pode invocar a responsabilidade de outro Estado se o pedido de indemnização for validamente renunciado. No caso das "mulheres de conforto", o governo japonês insistiu que existe uma renúncia sob a forma dos tratados de paz. O artigo 14 do Tratado de Paz de São Francisco admite a incapacidade dos japoneses de pagarem uma reparação no seu parágrafo (a), e o seu parágrafo (b) decide isso:

> As Potências Aliadas renunciam a todas as reivindicações de reparação das Potências Aliadas, outras reivindicações das Potências Aliadas e dos seus

[126] Dinah Shelton, supra, n.91, pp.22-23.

nacionais resultantes de quaisquer acções tomadas pelo Japão e pelos seus nacionais no decurso do processo judicial da guerra.[127]

Esta foi a consequência do interesse político dos Aliados em manter o Japão como uma potência económica na Ásia Oriental capaz de competir contra a China.[128] O Japão também fez vários tratados bilaterais de paz e acordos internacionais em que o Japão insiste em que se confirmem as reparações e reivindicações. Com a República da Coreia, celebrou o Acordo sobre a Resolução de Problemas Relativos à Propriedade e às Reivindicações e sobre a Cooperação Económica entre o Japão e a República da Coreia em 1965 (doravante o Acordo de 1965).[129] O artigo II (1) diz:

> As Partes Contratantes confirmam que o problema relativo à propriedade, direitos e interesses das duas Partes Contratantes e dos seus nacionais, bem como o relativo às reclamações entre as Partes Contratantes e os seus nacionais, ..., está resolvido completamente e finalmente.[130]

O governo japonês insiste que a reparação, tanto para os estados como para os indivíduos, é resolvida por estes tratados.[131]

Há objecções contra este argumento japonês a favor da renúncia a reclamações e reparações. A questão do "conforto das mulheres" como escravidão sexual não é tratada pelo Tratado de Paz de São Francisco ou tratados bilaterais. Quando estes tratados foram feitos, a questão não tinha sido debatida nas suas negociações, nem o

---

[127] Tratado de Paz de São Francisco, adoptado a 8 de Setembro de 1951, entrada em vigor a 28 de Abril de 1952. Para texto ver o Website do Projecto de Documentos de Taiwan, < http://www.taiwandocuments.org/sanfrancisco01.htm>, acedido a 6 de Agosto de 2007.

[128] Dolgopol e Paranjape, supra, n.3, p.166.

[129] Coomaraswamy, supra, n.6, paras.103-106.

[130] United Nations Treaty Series Vol.583, No.8473, p.258. Citado por Dolgapol e Paranjape, supra, n.20, p.163.

[131] Yoshimi e Kawata, supra, n.45, p.90.

governo japonês tinha reconhecido o envolvimento dos militares neste crime. Além disso, o Acordo de 1965 era um tratado de interesse económico e centrava-se na reivindicação de propriedade. Não houve qualquer consideração pela atrocidade militar contra as mulheres ou pelos seus direitos humanos.[132]

3. Interesses e Posições

O governo japonês, após anos de rejeição, admitiu, pela primeira vez oficialmente o envolvimento dos seus militares no sistema de "mulheres de conforto", na declaração do Secretário de Gabinete principal em 1993. No ano seguinte, o então Primeiro-Ministro Murayama fez um "pedido de desculpas pessoal". O pedido de desculpas tem sido repetido por funcionários governamentais desde então; foram aprovadas resoluções pela Dieta (Parlamento japonês) para pedir desculpas pelas vítimas da guerra em 1995 e 2005; o governo criou o Fundo para as Mulheres Asiáticas, uma instituição privada que paga uma compensação moral às vítimas com cartas anexas do primeiro-ministro. Apesar destas contínuas desculpas, o governo apenas reconheceu a sua responsabilidade moral e recusou a responsabilidade legal em todos os momentos.[133]

Há alguns motivos para o Japão rejeitar a responsabilidade legal. Em primeiro lugar, insiste que, porque o conceito de crime contra a humanidade e a classificação de escravidão e violação como crime de guerra só foram definidos após a Segunda Guerra Mundial, é contra o Estado de direito aplicar estes conceitos ao caso das "mulheres de conforto". Em segundo lugar, a proibição da escravatura ainda não estava estabelecida

---

[132] McDougall, supra, n.43, parágrafos.57 e 58.
[133] Park, supra, n.11, p.202. Ver também "The Comfort Women Issue" *Embaixada do Japão nos Estados Unidos da América*, < http://www.us.emb-japan.gp.jp/english/html/cw1.htm>, acedida a 23 de Julho de 2007.

como um direito internacional consuetudinário na altura. Além disso, o sistema de "mulheres de conforto" não se aplicava à definição de escravatura. Em terceiro lugar, a palavra "honra da família" nos Regulamentos de Haia não inclui a protecção das mulheres contra a violação e a violência sexual. Finalmente, o Tratado de Anexação de 1910 era válido e as mulheres coreanas eram as súbditas do Japão. Como a lei das guerras apenas protege os civis em território ocupado, não pode ser aplicada ao caso das "mulheres de conforto". [134] Além disso, o governo argumenta que todos os pedidos de indemnização são resolvidos por tratados de paz. O Tratado de Paz de São Francisco e o Acordo de 1965 com a Coreia, bem como outros tratados bilaterais, concluíram todos os pedidos de indemnização entre Estados e de indivíduos. Sugere também que, uma vez que os indivíduos não são sujeitos do direito internacional, não podem apresentar reclamações contra os Estados ao abrigo do quadro do direito internacional.[135] Contudo, tal como discutido no Capítulo 1, estes argumentos provaram ser inadequados ao abrigo do direito internacional. No entanto, o governo japonês mantém a sua insistência nestes argumentos para rejeitar a responsabilidade legal.

O governo sul-coreano afirma aceitar o espírito do pedido de desculpas do governo japonês. Em 1993, o então Presidente Kim Yong Sun anunciou que a Coreia do Sul deixou de procurar uma compensação monetária por parte do Japão, relacionando a questão das "mulheres de conforto". Reconhece também a dificuldade de invocar a responsabilidade legal do Japão e de decidir se o Acordo de 1965 resolve as reivindicações sobre esta questão. No entanto, o governo coreano apoia grupos e

[134] McDougall, supra, n.43, paras.25-30.

[135] Ibid., parágrafos.103-104 e 109.

indivíduos de mulheres na busca de direitos individuais de compensação e não se opõe a processos judiciais privados. Também fornece apoio médico e monetário às antigas mulheres de conforto sob a forma da Lei de Apoio à Vida de 1993.[136] Oferece uma compensação para aqueles que se recusam a aceitar uma compensação por parte do Fundo Asiático para Mulheres.[137] A Coreia do Sul exige que o Japão reconheça os erros do passado e assegure relações pacíficas entre os dois países no futuro. Dizem que o dinheiro não é uma solução suficiente e não querem que o Japão compre o fim da questão.[138]

As organizações de mulheres e as vítimas exigem mais do que isso. As suas exigências são um pedido oficial de desculpas, o reconhecimento da responsabilidade legal, a divulgação de documentos e informações oficiais, a compensação directa pelo governo de vítimas individuais, e o estabelecimento de legislação para compensar as vítimas.[139] Exigem também uma reparação não-material, como a criação de memoriais. Exigências semelhantes foram também recomendadas pelo Tribunal Internacional das Mulheres para Crimes de Guerra sobre a Escravatura Sexual Militar do Japão em Tóquio, que foi organizado por organizações de direitos humanos em 2000.[140]

4. Reclamação individual

O governo japonês insiste que os indivíduos não são sujeitos do direito internacional e, portanto, não têm o direito de exigir reparação. Duas questões distintas decorrem deste argumento; os indivíduos como sujeitos do direito internacional e o direito individual a reclamar reparação. Em primeiro lugar, é considerado se os indivíduos podem ser

136 Coomaraswamy, supra, n.6, paras.78-83.
137 Barkan, supra, n.10, p.60.
138 Dolgopol e Paranjape, supra, n.3, pp.149-150.
139 Coomaraswamy, supra, n.6, par.87.
140 Amnistia Internacional supra, n.56, pp.25 e 30.

sujeitos de direito internacional. A relação entre o direito internacional e o direito nacional e o seu tratamento dos indivíduos tem sido discutida há séculos. Enquanto alguns estudiosos apoiam que o direito internacional trata apenas das questões entre Estados, é geralmente reconhecido que os indivíduos podem ser um sujeito de direito internacional. Vários tratados internacionais na altura da Segunda Guerra Mundial tratam os indivíduos como o assunto; a Convenção de Haia IV; a Conferência de Paz de Paris (Tratado de Versalhes); a Carta do Tribunal de Tóquio, etc.[141] O PCIJ sugeriu, no seu Parecer Consultivo n.º 15,[142] que a determinação das obrigações decorrentes de um acordo deveria reflectir os seus objectivos e a intenção das suas partes. A Convenção de Haia, a Convenção da Escravatura e as Convenções de Tráfico e outras normas relativas a crimes de guerra e crimes contra a humanidade reconhecem os indivíduos como seus objectos e o objectivo destas normas é proteger os seus direitos.[143] Esta opinião é também apoiada por Lawrence, que escreveu em 1923 que os indivíduos são objectos do direito internacional, se não os seus súbditos, e são protegidos pelo quadro.[144] Em segundo lugar, a reparação aos indivíduos, bem como aos Estados feridos, tem sido reconhecida desde o fim da Primeira Guerra Mundial. A reparação dos Estados baseia-se nos danos causados ao povo como um todo, enquanto a reparação dos indivíduos é paga pelo sofrimento do indivíduo.[145] O PCIJ indica a possibilidade de reparação individual no caso *da Fábrica de Chorzow* e também no parecer consultivo n.º 15 do PCIJ. [146] Além disso, a indemnização tanto ao Estado lesado como aos indivíduos lesados é exigida pelo Artigo 3 da Convenção IV de Haia. Embora não se trate de uma concepção explícita no Artigo 3, a história da

[141] McGougall, supra, n.43, par.45.
[142] Parecer Consultivo n.º 15, PCIJ, 3 de Março de 1928. Para texto ver o website do Tribunal Mundial, < http://www.worldcourts.com/pcij/eng/decisions/1928.03.03_danzig/>, acedido a 7 de Agosto de 2007, p.12 (Documento Original p.17).
[143] Dolgapol e Paranjape, supra, n.3, p.174.
[144] T.J. Lawrence, *The Principles of Internatonal Law*, (Londres: MacMillan and Co., Limited, 1923), p.66.
[145] Dolgapol e Paranjape, supra, n.3, p.168.
[146] McGougall, supra, n.43, par.47.

redacção apoia esta concepção. Muitos Estados também concordam que os *travaux preparatoires* indicam que os indivíduos têm o direito de reclamar uma indemnização contra o governo.[147]

O Tratado de Paz de São Francisco e os tratados bilaterais não prejudicaram o direito dos indivíduos à reparação. Em primeiro lugar, embora o governo japonês insista que os partidos estatais renunciaram ao direito individual dos seus cidadãos de fazer uma reclamação ao abrigo do Artigo 14 (b) do Tratado de Paz de São Francisco, na realidade não concordaram com isso, de acordo com o registo da negociação. O Japão escreveu uma carta aos Países Baixos para dizer que o signatário dos Países Baixos do tratado não impediu os seus cidadãos de fazer reivindicações. O Japão e os Países Baixos fizeram posteriormente um tratado bilateral que resolvia as reivindicações individuais mediante reparação ao governo holandês. Isto prova que o Japão reconheceu o direito individual à reparação e que o Tratado de Paz de São Francisco não tinha a intenção de renunciar a este direito.[148]

Em segundo lugar, o Acordo com a Coreia de 1965 não dispensa a possibilidade de reclamações individuais. Uma vez que o registo das negociações não mostra qualquer referência aos direitos individuais relacionados com crimes de guerra, crimes contra a humanidade e direito internacional consuetudinário, o termo "reivindicações" no Artigo II (1) não deve incluir a reivindicação para tais fins.[149]

Em terceiro lugar, existem algumas provas adicionais da possibilidade de compensação individual. O governo coreano apoia o direito dos indivíduos a apresentarem uma queixa directa contra o Japão.[150] O artigo IV do Tratado sobre Relações Básicas entre o Japão e a República da Coreia afirma que o Japão e a Coreia têm de "cooperar em conformidade com os princípios da Carta das Nações Unidas na

[147] Amnistia Internacional, supra, n.56, pp.40-41.
[148] Ibid., p.44.
[149] McGougall, supra, n.43, par.59.
[150] Amnistia Internacional, supra, n.56, p.45.

promoção do seu bem-estar mútuo e interesses comuns". O[151] artigo 1(3) da Carta das Nações Unidas (ONU) exige o respeito dos direitos humanos na cooperação internacional. Além disso, como princípio de direito internacional, um tratado está vinculado por "*jus cogens* consensual" incorporado por outros tratados. A Carta da ONU é considerada como uma fonte de *jus cogens* consensuais e vincula o Acordo de 1965 porque o Japão e a Coreia já eram membros da ONU. Ao mesmo tempo, o princípio da Declaração Universal dos Direitos do Homem (DUDH), cujo artigo 8º proclama o direito a um recurso efectivo, também tem influência obrigatória sobre os membros da ONU. Por conseguinte, a promoção dos direitos humanos exigida pela Carta inclui a garantia do direito à reparação, e o Acordo de 1965 está vinculado por este princípio.[152]

É da responsabilidade do actual governo providenciar reparação pelas violações dos direitos humanos do passado e impedir novas violações. A negação contínua de um remédio adequado para as vítimas é uma parte da ulterior violação dos seus direitos humanos e tem de ser detida.[153]

Finalmente, não é aceitável, com o desenvolvimento do direito dos direitos humanos e do direito humanitário, que os Estados privem os seus cidadãos dos seus direitos através de acordos entre Estados. Este é um princípio proeminente nas Convenções de Genebra. Embora estas Convenções permitam a criação de "acordos especiais", estes acordos não devem "afectar negativamente a situação das pessoas protegidas, tal como definida na presente Convenção, nem restringir os direitos que lhes são conferidos". [154] Apesar de as Convenções de Genebra não afectarem directamente os tratados de paz,

---

[151] Tratado sobre Relações Básicas entre o Japão e a República da Coreia, adoptado a 22 de Junho de 1965. Para texto ver o site do Instituto de Cultura Oriental, < http://www.ioc.u-tokyo.ac.jp/~worldjpn/documents/texts/docs/19650622.T1E.html>, acedido a 6 de Agosto de 2007.

[152] Dolgapol e Paranjape, supra, n.3, pp.168-169.

[153] Ibid., pp.164-165.

[154] Artigo 6º da Convenção I, Artigo 6º da Convenção II, Artigo 6º da Convenção III, e Artigo 7º da Convenção IV.

elas demonstram a evidência do princípio. Além disso, o Comité Internacional da Cruz Vermelha comenta o artigo 91º do Protocolo Adicional às Convenções de Genebra que os tratados de paz não devem impedir os pedidos individuais de indemnização. Esta disposição tem uma ligação substancial com o artigo 3º da Convenção IV da Haia.[155]

5. Contencioso para compensação

As primeiras "mulheres de conforto" têm vindo a exigir reparação através de dois canais. Um é o pedido para a criação de legislação que preveja uma compensação adequada. O outro é o litígio nos tribunais no Japão. Devido ao facto de o governo estar relutante em criar um mecanismo legislativo, as mulheres têm procurado uma reparação no último canal.[156] Em 1991, Kim Hak Sun foi a primeira mulher de conforto a apresentar-se e a dar testemunho público. No mesmo ano, um grupo de mulheres coreanas, incluindo Kim Hak Sun, entrou com um processo no Tribunal Distrital de Tóquio contra o governo japonês. Outras antigas "mulheres de conforto" seguiram-nas para reclamar os seus direitos. [157] Uma decisão positiva foi tomada pelo Tribunal Distrital de Yamaguchi em Abril de 1998, que declarou que era ilegal, nos termos da Constituição, que o governo não estabelecesse um mecanismo legislativo de compensação. No entanto, a decisão foi anulada pelo Tribunal Superior de Hiroshima em 2001. Outros casos também não foram bem sucedidos nos tribunais. Existem quatro obstáculos principais ao litígio. O primeiro é o reconhecimento limitado do direito individual à indemnização. Os tribunais interpretam o artigo 3º da Convenção IV de Haia como relativo à indemnização apenas para o Estado lesado, e não para os

---

155 Amnistia Internacional, supra, n.56, p.46.

156 Dolgapol e Paranjape, supra, n.3, p.179.

157 Soh, supra, n.7, p.1233.

indivíduos lesados. [158] O segundo obstáculo é a lei nacional ao abrigo da Constituição Meiji,[159] chamada *Kokka-Mutoseki* (imunidade do Estado). Os tribunais aplicam esta lei ao caso, que proíbe a responsabilização do Estado pelos seus actos durante a Segunda Guerra Mundial. Nos casos sobre trabalhos forçados no Tribunal Distrital de Tóquio em 2003 e no Tribunal Distrital de Nigata em 2004, os tribunais rejeitaram a aplicação do *Kokka-Mutoseki* como "inadequada à justiça e à equidade".[160] Além disso, a aplicação da imunidade do Estado às violações do direito internacional dos direitos humanos e do direito humanitário tem sido gradualmente reconhecida como inaceitável pela comunidade internacional.[161] O terceiro obstáculo é o estatuto de limitações, ou a prescrição ao abrigo do Código Civil. No entanto, no caso de crimes de direito internacional, não são permitidos estatutos de limitações. O tribunal também tem de ter em consideração que às vítimas foi negada a possibilidade de processar até há pouco tempo, devido à ocultação prolongada dos factos por parte do governo. O último obstáculo é a duração do processo nos tribunais. As vítimas atingiram a velhice e estão desesperadas por justiça, mais cedo do que tarde.[162]

Devido às violações das normas do *jus cogens* pelo "sistema das mulheres de conforto", os casos têm jurisdição universal e é possível procurar justiça e reparação noutros tribunais nacionais. Algumas mulheres tentaram nos Estados Unidos ao abrigo da Lei de Reivindicações de Falsificações de Estrangeiros, embora os seus casos não tenham tido sucesso porque os tribunais reconhecem que os casos estão a ser resolvidos pelo Tratado de Paz de São Francisco.[163]

---

[158] Amnistia Internacional, supra, n.56, p.32.

[159] A Constituição Meiji é a constituição do Império do Japão entre 29 de Novembro de 1980 e 2 de Maio de 1947. Ver Wikipedia, < http://en.wikipedia.org/wiki/Meiji_Constitution>, acedido a 13 de Agosto de 2007.

[160] Amnistia Internacional, supra, n.56, p.32; "Kokka-Mutoseki", *Toonipo*, 16 de Junho de 2006, < http://www.toonippo.co.jp/news_hyakka/hyakka2006/0616_9.html>, acedido a 13 de Agosto de 2007.

[161] Amnistia Internacional, supra, n.56, pp.47-48.

[162] Ibid., p.33.

[163] Ibid., p.47.

Conclusão

Os Estados têm responsabilidade legal pelas suas acções passadas, embora a sua extensão dependa do desenvolvimento do direito internacional na altura das acções ilícitas. Por exemplo, é difícil demonstrar a responsabilidade legal dos Estados ocidentais pelo comércio transatlântico de escravos, enquanto existem argumentos para procurar tal responsabilidade. Em contraste com o caso do sistema de escravatura, o "caso das mulheres de conforto" demonstra claramente a responsabilidade legal do Japão. Enquanto os governos japoneses recusam a responsabilidade legal e insistem no desenvolvimento imaturo do direito internacional na altura, os factos e as fontes legais mostram que o direito internacional se tinha efectivamente desenvolvido para apoiar a ilegalidade de tais actos na altura.

Este documento abordou a questão da responsabilidade legal no caso das "mulheres de conforto". O primeiro capítulo discutiu as condições para responsabilizar legalmente os Estados pelos seus actos. A responsabilidade do Estado surge quando os actos são imputáveis a um Estado e tais actos constituem as violações das obrigações internacionais. Estes dois elementos são considerados um a um quando um caso está em questão. O conceito de actos aqui inclui tanto acções como omissões. Os actos atribuíveis a um Estado são frequentemente praticados pelas organizações do Estado ou pelas suas agências. Quando os funcionários renunciam à acção positiva para evitar a violação das obrigações internacionais, um Estado torna-se também responsável. O caso do *Pessoal Diplomático e Consular dos Estados Unidos em Teerão* é um exemplo proeminente de que a responsabilidade do Estado surge devido à falta de acções apropriadas por parte dos funcionários. Os actos de particulares podem ser imputáveis a um Estado em determinadas condições, por exemplo, as acções são tomadas sob a direcção ou controlo de um Estado. No caso das "mulheres de conforto", os militares japoneses controlavam o sistema global. Embora muitos postos de conforto fossem geridos por indivíduos privados, os militares participavam numa grande parte da sua gestão. Além disso, estes particulares estavam habilitados com estatuto paramilitar e seguiam as instruções dos militares. Estes factos mostram a clara atribuição de actos ao Estado do Japão.

Quanto ao segundo elemento a constituir responsabilidade do Estado, foram estudadas as violações das obrigações internacionais na altura. O sistema de "mulheres de conforto" é considerado como escravidão e relacionado com o tráfico de escravos, trabalho forçado e violação e violência sexual. Com referência às leis dos tratados, o Japão violou claramente as Convenções de Tráfico de 1910 e 1921 e a Convenção No.29 da OIT. A Convenção de Genebra IV pode também ser violada, mas esta conclusão é alcançada com alguma incerteza. Contudo, a Convenção fornece as fortes provas de que a violação foi reconhecida como um crime de guerra, independentemente da sua aplicação directa ao caso. A violação e a escravatura são também crimes contra a humanidade e tal conceito é aplicável ao caso das "mulheres de conforto". A proibição da escravatura e da violação também pode ser vista como fazendo parte do direito internacional consuetudinário aplicável na altura.

O segundo capítulo considerou o conteúdo da responsabilidade. De acordo com os artigos do ILC, os Estados têm duas obrigações como consequência da responsabilidade legal. Uma é a cessação de actos ilícitos e a outra é a reparação. Existem três tipos de reparação: restituição, compensação e satisfação. Os Princípios Básicos e Orientações adoptam uma abordagem ligeiramente diferente da reparação e, de facto, decidem cinco formas: restituição, compensação, reabilitação, satisfação, e garantias de não repetição. Uma vez que a responsabilidade legal do Japão pelo "sistema das mulheres de conforto" foi provada no capítulo um, o Japão tem a obrigação de cessar as acções e de providenciar a reparação. Uma vez que a cessação das acções foi realizada logo após a Segunda Guerra Mundial, a reparação constitui a preocupação central. O Japão alega que a responsabilidade legal já foi renunciada pelo Tratado de Paz de São Francisco e outros tratados bilaterais relacionados. No entanto, estes tratados não são aplicáveis ao caso das "mulheres de conforto", porque o caso não foi tratado nas negociações. Além disso, o tratado bilateral entre o Japão e a Coreia trata apenas de questões de propriedade, não de direitos humanos. O governo não admite qualquer responsabilidade legal, embora aceite a responsabilidade moral e tenha apresentado repetidas desculpas. Estas acções não são suficientes aos olhos das vítimas. As vítimas individuais também procuram reparação através de litígios nos tribunais dentro e fora do Japão, mas não têm tido sucesso.

A responsabilidade legal do Japão pelo "caso das mulheres de conforto e a sua ignorância por parte do governo é, actualmente, significativa de duas formas principais. A primeira importância é a subordinação das questões das mulheres. Algumas pessoas, mesmo políticos, desviam-se da verdadeira questão, argumentando que as "mulheres de conforto" eram prostitutas. Consideram que enquanto as "mulheres de conforto" fossem prostitutas ou "mulheres caídas", não havia qualquer problema em violá-las e explorá-las sexualmente.[164] Trata-se de uma ideia centrada nos homens, ignorando os direitos das mulheres e considerando apenas o desejo dos homens. É apenas uma desculpa patriarcal para dizer que o "sistema das mulheres de conforto" era necessário para encorajar os soldados. Sem reconhecer o erro legal do uso de "mulheres de conforto", ao governo faltou a intenção de extinguir este sentimento centrado nos homens na sociedade. A ideia dominada pelos homens existe, não só no Japão mas também em todo o mundo. O tráfico sexual,[165] a forma

---

[164] Park, supra, n.11, p.204.

[165] Sobre o tráfico humano, ver "Stories of Human Trafficking" *The Guardian Unlimited*, <

contemporânea de tráfico de escravos, é o caso mais notável e tem também uma semelhança com o caso das "mulheres de conforto". O simples facto de ser mulher continua a ser um factor significativo está a ser considerado como um membro vulnerável da sociedade. Sem admitir a responsabilidade legal e os factos dos danos causados às mulheres, as desculpas japonesas são apenas superficiais e nunca serão suficientes para as vítimas. Estas lacunas não podem ser preenchidas pela responsabilidade moral que o Japão tem vindo a oferecer.

A segunda é a posição do Japão na sociedade internacional. Embora o Japão se tenha mostrado como um país amante da paz, esconde a sua culpa no passado e não cumpre as suas obrigações. Olhando para trás a Segunda Guerra Mundial, o Japão apenas se visualiza como uma vítima e não como um agressor. Embora enfatize o terrível incidente dos atentados nucleares, é relativamente ignorante em relação ao que fez em outros países asiáticos. Tem havido controvérsia sobre o livro didáctico das escolas secundárias desde meados da década de 1990, se se deve apagar a referência à agressão japonesa durante a Segunda Guerra Mundial, incluindo a "questão das mulheres de conforto".[166] Além disso, qualquer museu que represente a agressão japonesa não existe, ao contrário dos museus do Holocausto que representam a agressão alemã. A maioria dos museus sobre a Segunda Guerra Mundial mostra a vitimização do Japão. O museu anexo ao Santuário de Yasukuni justifica a invasão japonesa de outros países asiáticos como um acto defensivo.[167] Esta ignorância em relação aos actos ilícitos do passado é perigosa e perturbadora para a garantia de não repetição no futuro.

Um Estado deve ser considerado legalmente responsável pelas suas acções passadas, como se vê no "caso das mulheres de conforto" neste documento. As obrigações

---

http://www.guardian.co.uk/slideshow/page/0,,2013927,00.html>, acedido a 21 de Agosto de 2007.

[166] Yoshimi e Kawata, supra, n.45, p.63.

[167] Barkan, supra, n.10, pp.61-62. O Santuário de Yasukuni consagra os mortos de guerra, incluindo os criminosos de guerra condenados no Tribunal de Tóquio. Ver também "Japan's Controversial Shrine" *BBC News*, 15 de Agosto de 2006, <, acedido a 21 de Agosto de 2007.

decorrentes de tal responsabilidade devem-se não só ao passado, mas também ao futuro da comunidade internacional.

Bibliografia

Estatutos

Artigos sobre Responsabilidade por Actos Injustos Internacionais, Comissão de Direito Internacional, adoptado a 9 de Agosto de 2001. Res. da AG. 56/83, 12 de Dezembro de 2001. Para texto ver o site do tratado da ONU, < http://untreaty.un.org/ilc/texts/instruments/english/draft%20articles/9_6_2001.pdf>, 27 de Julho de 2007.

Princípios básicos e directrizes sobre o direito à reparação e reparação das vítimas de violações graves do direito internacional dos direitos humanos e de violações graves do direito humanitário internacional, GA res.60/147, adoptada a 16 de Dezembro de 2005. Para o texto ver o sítio do OHCHR, < http://www.ohchr.org/english/law/remedy.htm>, acedido a 24 de Agosto de 2007.

Carta do Tribunal Militar Internacional, 8 de Agosto de 1945, Para texto ver o website do CICV, < http://www.icrc.org/ihl.nsf/FULL/350?OpenDocument>, acedido a 2 de Agosto de 2007.

Carta do Tribunal Militar Internacional para o Extremo Oriente, 19 de Janeiro de 1946. Para texto ver o Projecto Avalon, < http://www.yale.edu/lawweb/avalon/imtfech.htm>, acedido a 2 de Agosto de 2007

Lei n.º 10 do Conselho de Controlo. Para texto ver o Projecto Avalon, < http://www.yale.edu/lawweb/avalon/imt/imt10.htm>, acedido a 2 de Agosto de 2007.

Convenção contra a Tortura, Outros Tratamentos ou Penas Cruéis, Desumanos ou Degradantes, GA res 39/46, adoptada a 10 de Dezembro de 1984, entrada em vigor a 26 de Junho de 1987. Para texto ver o sítio Web do OHCHR, < http://www.unhchr.ch/html/menu3/b/h_cat39.htm>, acedido a 3 de

Agosto de 2007.

Conventon Concerning Forced Labour (ILO Convention No.29), 39 U.N.T.S. 55, entrada em vigor a 1 de Maio de 1932. Para texto ver a Biblioteca de Direitos Humanos da Universidade de Minnesota, < http://www1.umn.edu/humanrts/instree/n0ilo29.htm>, acedida a 2 de Agosto de 2007.

Convenção sobre a Não Aplicabilidade da Limitação Estatutária aos Crimes de Guerra e aos Crimes Contra a Humanidade, GA res.2391 (XXIII), anexo, 23 U.N.GAOR Sup. (No.18) a 40, U.N. Doc. A/7218

(1968), entrada em vigor a 11 de Novembro de 1970. Para texto ver Biblioteca de Direitos Humanos da Universidade de Minnesota, < http://www1.umn.edu/humanrts/instree/x4cnaslw.htm>, acedida a 9 de Agosto de 2007.

Convenção sobre a Prevenção e Punição do Crime de Genocídio, GA res. 260 A (III), adoptada a 9 de Dezembro de 1948, entrada em vigor em 12 de Janeiro de 1951. Para texto ver o sítio da OHCHR, < http://www.unhchr.ch/html/menu3/b/p_genoci.htm>, acedido a 2 de Agosto de 2007.

Convenção (IV) respeitando a Lei e os Costumes de Guerra à Terra e o seu anexo: Regulamentos relativos às Leis e Costumes de Guerra à Terra. Adoptada a 18 de Outubro de 1907, Haia. Entrada em vigor a 26 de Janeiro de 1910. Para texto ver o website do CICV, < http://www.icrc.org/ihl.nsf/FULL/195>, acedido a 24 de Julho de 2007.

Convenção de Genebra relativa ao Tratamento do Prisioneiro de Guerra, adoptada a 27 de Julho de 1929. Para texto ver o website do CICV, < http://www.icrc.org/ihl.nsf/FULL/305?OpenDocument>, acedido a 2 de Agosto de 2007.

Convenção de Genebra (IV) relativa à Protecção das Pessoas Civis em Tempo de Guerra, adoptada a 12 de Agosto de 1949, entrada em vigor a 21 de Outubro de 1950. Para texto ver o website do CICV, < http://www.icrc.org/ihl.nsf/385ec082b509e76c41256739003e636d/6756482d86146898c125641e0 04aa3c5>, acedido a 2 de Agosto de 2007.

Instrução para o Governo dos Exércitos dos Estados Unidos no Campo (Lieber Code), 24 de Abril de 1863. Para texto ver o website do CICV, < http://www.icrc.org/ihl.nsf/FULL/110?OpenDocument>, acedido a 2 de Agosto de 2007.

Convenção Internacional para a Supressão do Tráfico de Mulheres e Crianças, adoptada a 30 de Setembro de 1921, que entrou em vigor a 15 de Junho de 1922. Para texto ver o website do Conselho da Europa, < TS_Sup_trafficking.asp>, acedido a 1 de Agosto de 2007.

Convenção Internacional para a Supressão do Tráfico de Escravos Brancos, adoptada a 4 de Maio de 1910. Para texto ver a Biblioteca de Direitos Humanos da Universidade de Minnesota, < http://hei.unige.ch/humanrts/instree/whiteslavetraffic1910.html>, acedida a 1 de Agosto de 2007.

Protocolo Adicional à Convenção de Genebra de 12 de Agosto de 1949, e Relação com a Protecção de

Vítimas de Conflitos Armados Internacionais (Protocolo 1), adoptado em 8 de Junho de 1977, entrada em vigor 7

Dezembro de 1979. Para texto ver o sítio web da OHCHR, < http://www.unhchr.ch/html/menu3/b/93.htm>, acedido a 24 de Agosto de 2007.

Tratado de Paz de São Francisco, adoptado a 8 de Setembro de 1951, entrada em vigor a 28 de Abril de 1952. Para o texto ver

o Website do Projecto de Documentos de Taiwan,

< http://www.taiwandocuments.org/sanfrancisco01.htm>, acedido a 6 de Agosto de 2007.

Convenção sobre a Escravatura, adoptada a 25 de Setembro de 1926, entrada em vigor a 9 de Março de 1927. Para texto ver o sítio da OHCHR, <, acedido a 1 de Agosto de 2007.

Tratado sobre Relações Básicas entre o Japão e a República da Coreia, adoptado a 22 de Junho de 1965. Para texto ver o website do Instituto de Cultura Oriental, < http://www.ioc.u-tokyo.ac.jp/~worldjpn/documents/texts/docs/19650622.T1E.html>, acedido a 6 de Agosto de 2007.

Convenção de Viena sobre o Direito dos Tratados, adoptada a 23 de Maio de 1969, que entrou em vigor a 27 de Janeiro de 1980. Para texto ver o site do tratado da ONU,

< http://untreaty.un.org/ilc/texts/instruments/english/conventions/1_1_1969.pdf>, acedido a 9 de Agosto de 2007.

Casos

Corfu Channel (UK v. Albânia) (Méritos), ICJ Rep 1949 4.

Reclamação Caire (França vs. México), 5 R.I.A.A. (1929) 516

Fábrica em Chorzow (Alemanha vs. Polónia) (Méritos), PCIJ, Ser.A (1928) No.17.
Janes, R.I.A.A, vol.IV, 1925.

LaGrand (Alemanha vs. Estados Unidos da América), Merits, Judgement of 27 June 2001.

Mavrommatis Palestine Concessions, 1924, P.C.I.J., Series A, No.2, p.12. Citado por Crawford, supra, n.1, p.264.

Actividades Militares e Paramilitares dentro e contra a Nicarágua (Nicarágua v. EUA), Mérito, ICJ Rep 1986 14.

Phosphates in Morocco, Preliminary Objections, 1938, PCIJ, Series A/B, No.74; Crawford, supra, n.6, p.81.

Rainbow Warrior Arbitration (Nova Zelândia v. França), 82 ILR (1990) 499, Special Arbitration Tribunal.

Tadic, 1997 ILM908;35 ILM 35 (1996).

Pessoal Diplomático e Consular dos Estados Unidos em Teerão (Estados Unidos vs. Irão), ICJ Rep 1980 3.

Velasquez Rodrigueq v. Honduras, Merit, Inter-Am.Ct.H.R., Série C, No.4 (1989).

Documentos

Parecer Consultivo n.º 15, PCIJ, 3 de Março de 1928. Para texto ver o website do Tribunal Mundial, < http://www.worldcourts.com/pcij/eng/decisions/1928.03.03_danzig/>, acedido a 7 de Agosto de 2007.

CEACR Observação Individual relativa à Convenção No.29, Trabalho Forçado, 1930 Japão (ratificação 1932) Publicada em 1997.
< http://www.ilo.org/ilolex/cgi-lex/pdconv.pl?host=status01&textbase=iloeng&document=3498&chapter=6&query=Japan%40ref&highlight=& querytype=bool>, acedido a 25 de Julho de 2007.
Comité contra a Tortura, *Consideração dos Relatórios Apresentados pelos Estados Partes ao abrigo do Artigo 19 da Convenção*, CAT/C/JPN/CO/1, 18 de Maio de 2007, parágrafos.12 e 23; "Committee against Torture hears Response of Japan" *Gabinete das Nações Unidas em Genebra*, 10 de Maio de 2007, <
http://www.unog.ch/80256EDD006B9C2E/(httpNewsByYear_en)/0F129CD324BBA8B9C12572D50033FD46?OpenDocument>, acedido a 9 de Julho de 2007.

McDougall, Gay J. Relator Especial da ONU sobre formas contemporâneas de escravatura, "Apêndice: Um
Análise da Responsabilidade Legal do Governo do Japão por "Estações de Conforto de Mulheres" estabelecidas durante a Segunda Guerra Mundial" no *Relatório Final sobre Violação Sistemática, Escravidão Sexual e Práticas de Escravatura durante Conflitos Armados*. E/CN.4/Sub.2/1998/13, 22 de Junho de 1998.

Radhika Coomaraswamy, Relatora Especial da ONU sobre a violência contra as mulheres, suas causas e consequências, *Relatório sobre a missão à República Popular Democrática da Coreia. A República da Coreia e o Japão sobre a questão da escravatura sexual militar em tempo de guerra*, E/CN.4/1996/53/Add.1, 4
Janeiro de 1996.

Livros, Artigos de Jornal

Amnistia Internacional, *Japão: Ainda à Espera após 60 Anos: Justiça para os Sobreviventes das Forças Armadas do Japão Sexual Slavery System*, Londres: Amnistia Internacional, 2005.

Barkan, Elazar. "Capítulo3: Escravos do sexo: Conforto das Mulheres e Culpa Japonesa" em Elazar Barkan, *A Culpa das Nações: Restituição e Negociação de Injustiças Históricas*, Londres: The Johns Hopkins University Press, 2000, pp.46-64.

Barkan, Elazar. "Capítulo 12: Restituição pela Escravatura" em Elazar Barkan, *The Guilt of Nations: Restituição e Negociação de Injustiças Históricas*, Londres: The Johns Hopkins University Press, 2000, pp.283-307.

Crawford, James. *Artigos da Comissão de Direito Internacional sobre Responsabilidade do Estado: Introdução, Texto e Comentários*, Cambridge: Imprensa da Universidade de Cambridge, 2002.

Dixon, Martin e McCorquodale, Robert. *Cases & Materials on International Law,* Oxford: Oxford University Press, 2003.

Dolgopol, Ustinia e Paranjape, Snehal. *Comfort Women: uma provação inacabada: Relatório de uma Missão*, Genebra: Comissão Internacional de Juristas, 1994.

Malanczuk, Peter. *Akehurst's Modern Introduction to International Law,* 7ª edição, Londres: Routledge, 1997.

Miller, David. "Holding Nations Responsible" *Ethics* **114**, 2004, pp.240-268.

Lawrence, T.J. *The Principles of Internatonal Law*, Londres: MacMillan and Co., Limited, 1923.

Oppenheim, L. *Direito Internacional: A Treatise*, H. Luterpacht ed. Londres: Longmans, Green and Co., 1935, Vol.2, 5ª edição.

Park, You-me "Comforting the Nation": "Comfort Women', the Politics of Apology and the Workings of Gender" *Interventions* **2** (2) 2000, pp.199-211.

Plessis, Max Du. "Historical Injustice and International Law": Uma Discussão Exploratória de Reparation for Slavery" *Human Rights Quarterly* **25**, 2003, pp.642-659.

Schabas, William A. *Genocide in International Law*, Cambridge, Cambridge University Press, 2000.

Shelton, Dinah. "The United Nations Principles and Guidelines on Reparations" (Princípios e Directrizes das Nações Unidas sobre Reparações): Contexto e Conteúdo" em K. De Feyter, S. Parmentier e M. Bossuyt e P. Lemmens eds., *Out of the Ashes: Reparation for Victims of Gross and Systematic Human Rights Violations*", Oxford: Intersentia, 2005.

Soh, Chunghee Sarah. "The Korean "Comfort Women": Movement for Redress" *Asia Survey* ***36*** (12), 1996, pp.1226-1240.

Thompson, Janna. *Assumir a responsabilidade pelo passado: Reparação e Justiça Histórica*, Cambridge: Polity, 2002.

Yang, Hyunah. "Revisiting the Issue of Korean "Military Comfort Women": The Question of Truth and Positionality" *Posições* ***5*** (1) 1997, pp.51-68.

Yoshiaki Yoshimi e Fumiko Kawata, *'Jyugun Ianfu' wo meguru 30 no uso to shinjitsu (30 mentiras e verdades sobre 'mulheres de conforto militar')*, Tóquio: Otsuki shoten, 1997.

Sítios Web, etc.

Echeverria, Gabriela. "Responding to allegations of torture within international system for the protection of human rights", *Workshop do Centro de Direitos Humanos*, 28 de Fevereiro de 2007.

"Kokka-Mutoseki", *Toonipo*, 16 de Junho de 2006, < http://www.toonippo.co.jp/news_hyakka/hyakka2006/0616_9.html>, acedido a 13 de Agosto de 2007.

Komurata, Yoshiyuki. "US push on "comfort women" *Asahi Shinbun,* 28 de Junho de 2007.

< http://www.asahi.com/english/Herald-asahi/TKY200706270381.html>, acedido a 25 de Julho de 2007.

"Japan's Controversial Shrine" *BBC News*, 15 de Agosto de 2006,
< http://news.bbc.co.uk/2/hi/asia-pacific/1330223.stm>, acedido a 21 de Agosto de 2007.

Lord Anthony Gifford, *The Legal Basis of the Claim for Reparations*, 1993.
< http://www.arm.arc.co.uk/legalBasis.html#2>, acedido a 2 de Agosto de 2007.

"Stories of Human Trafficking" *The Guardian Unlimited*, <
http://www.guardian.co.uk/slideshow/page/0,,2013927,00.html>, acedido a 21 de Agosto de 2007.

"The Comfort Women Issue" *Embaixada do Japão nos Estados Unidos da América*,
< http://www.us.emb-japan.gp.jp/english/html/cw1.htm>, acedido a 23 de Julho de 2007.

Wikipedia, < http://en.wikipedia.org/wiki/Meiji_Constitution>, acedido a 13 de Agosto de 2007.

Printed by Books on Demand GmbH, Norderstedt / Germany